U0508766

CHINA·AFRICA

主编—傅 朗　刘继森

中非合作·广东在行动

（全三册）

经贸合作篇

分册主编—梁立俊　许陈生　覃 红

社会科学文献出版社
SOCIAL SCIENCES ACADEMIC PRESS (CHINA)

前　言

　　广东省和非洲的经贸关系源远流长，最早可以追溯到郑和下西洋的时期。郑和下西洋的出发地在江苏太仓，但广州是明朝开放的主要城市，明王朝举全国之力派郑和七下西洋，其中必涉及广东省。2018 年，广东省和非洲的贸易额占全国的 18.99%，2015 年曾经达到最高比例 32.47%。此外，据统计有 20 万~30 万非洲人现居广州，这是一种非常独特的商业文化现象。广东省与非洲经贸关系之重要性不言而喻。基于粤非经贸商业关系的历史渊源和现实重要性，我们觉得有必要对粤非经贸关系做一个小结。这是广东外语外贸大学非洲研究院编写本书的缘起。

　　之所以选择改革开放 40 年为研究的时间段，是基于以下几个方面的考虑。第一，改革开放 40 年是一个值得纪念的时间节点。也正是由于改革开放，粤非经贸关系才得以迅速发展，达到今天的规模。第二，凡是经济研究必然要选择一个时间段来研究这个区间段内经济情况的变化以及所具有的特征和意义等。研究改革开放 40 年间的粤非经贸关系具有重要的历史价值。第三，改革开放后的 40 年间粤非经贸关系呈现出的各种情况，对粤非经贸关系的未来有很多"寓意"和指向作用，研究改革开放 40 年间的粤非经贸关系具有承上启下的意义。

　　本书从三个维度来对粤非经贸关系的 40 年做一个立体式的剖析。第一个维度是数据。即从粤非贸易和投资的数据出发，研究粤非经贸关系的数量和结构，发现其中的特征等。第二个维度是政府之间的经贸交往。这是数字背后的宏观政策背景。一切数据的生成，都与政府这个有形之手分不开，特别是对外经贸关系更是如此。我们希望通过这个维度的研究，总结其中的经验与教训。第三个维度是企业层面，这是数字背后的微观活动层面，反映粤非经贸往来中"法人"活动因素的影响力。我们希望用这个立体式的研究框架描述 40 年来粤非经贸发展的轮廓和其中的线条。

对于粤非经贸往来，我们从上述三个方面看到了一个积极的、宏大的场景，也看到了一些亟待改进的问题。第一，粤非经贸关系飞速发展，但是波动巨大。特别是 2015 年前后，粤非贸易额几乎出现了断崖式的下跌。第二，各界对于粤非经贸关系重要性的认识还远远不够。从数字上来说，粤非贸易占比较小（2017 年仅为 2.58%），还有很大的发展空间，粤非经贸关系发展对于广东省是一个重要机遇，需要予以足够的重视。第三，广东省对非洲贸易和投资，从微观的企业方面来说，潜力巨大，但是行动迟缓。由于信息传递的问题，也由于广东省企业对非洲市场的忽视，目前广东省企业，特别是中小企业，对非洲投资的积极性远远不够。

从本书的编纂来说，尽管我们做了努力，但仍留有不少遗憾。第一，这本书虽力图以改革开放 40 年为研究时间段，但是，我们的数据长度、事件线索都远远没有覆盖这个时间段的全部。我们通过各种方法找到的数据，无一能够满足 40 年的要求。因为改革开放前 20 年的数据很少。对于粤非经贸领域政府活动和企业活动，我们收集的记录也远远不能涵盖 40 年。严格说来，本书没有做到如最初目标设定，这是最大的缺憾。第二，这本书本来计划在 2018 年出版，但是拖至现在。主要原因是其中关键的一章"粤非贸易往来 40 年"因缺乏数据，无法如期完成。后来通过公开的数据和购买的海关数据，以及比对整理出一些数据完成研究，这些数据虽然不能涵盖 40 年，但是可以较好地反映近十年粤非贸易的现状和趋势，而且数据规模也足够大，能够支持这一个关键章节得以成立，也使这本书得以完成。第三，本书的研究深度远没有达到我们的期望。这是我们的研究能力和水平不够所致，关于这一点我们在这里向读者表示歉意。

本书各章节的编写安排如下。第一章由广东省外语外贸大学韦晓慧老师完成。第二章由广东省外语外贸大学梁立俊老师和研究生林孝文共同完成。第三章由广州市社会科学院产业经济与企业管理研究所陈荣和广东省外语外贸大学许陈生老师完成。第四章由广州市国际投资促进中心原主任覃红完成。第五章由广东省外语外贸大学董俊武完成。第六章由广东省外语外贸大学刘胜老师完成。第七章由梁立俊老师完成。梁立俊老师对全书进行了编辑统稿。刘继森老师作为广东外语外贸大学非洲研究院的常务副院长，为本书的写作提供了从协调写作人员到寻找数据合作等的全面支持，是本书得以完成的重要支撑。林孝文同学对本书的编辑统稿做出了很多实际工作。在这里一并表示感谢！

梁立俊

广东外语外贸大学非洲研究院

目　录

第一章　中非经贸合作40年综述 / 1

一　中非贸易历史与现状 / 1

二　中非贸易结构特征 / 6

三　中国对非洲投资实践的特征 / 11

四　中非经贸合作的历史回溯 / 18

五　中非经贸合作的前景展望 / 21

六　广东省在中非经贸合作中的地位 / 26

第二章　粤非贸易往来40年 / 31

一　改革开放40年来广东省与非洲贸易往来总体情况 / 32

二　广东省与非洲贸易结构分析 / 49

三　广东省与非洲贸易特征总结 / 70

第三章　粤非投资往来40年 / 75

一　非洲对广东省投资 / 75

二　广东省对非洲投资 / 93

第四章　粤非政府经贸往来40年 / 101

一　粤非政府经贸往来概述 / 101

二　粤非政府经贸往来主要领域 / 102

三　粤非政府经贸往来重点事件介绍及分析 / 103

四　粤非政府经贸往来大事记 / 109

第五章　粤非民间企业往来40年　/　115

　　一　民间贸易合作的活动　/　115

　　二　投资合作的活动　/　119

　　三　经济合作的活动　/　127

　　四　总结　/　132

第六章　粤非经贸40年对广东省经济的影响　/　138

　　一　粤非经贸对广东省经济增长的影响　/　139

　　二　粤非经贸对广东省贸易的影响　/　143

　　三　粤非经贸对广东省投资的影响　/　148

　　四　粤非经贸对广东省经济结构的影响　/　152

第七章　粤非经贸合作存在的问题、对策以及未来展望　/　156

　　一　粤非经贸合作状况　/　156

　　二　粤非经贸合作存在的问题　/　157

　　三　进一步推动粤非经贸合作的对策　/　159

　　四　粤非合作的未来展望　/　161

参考文献　/　164

第一章
中非经贸合作40年综述

一 中非贸易历史与现状

改革开放以来,特别是20世纪90年代之后,中国进入高速发展阶段,同非洲的贸易往来更是日益频繁。由中国海关总署数据分析可知,1984~2017年,中国和非洲的贸易进程大致可以分为逐渐提升(1984~1999年)、快速发展(2000~2008年)和结构调整(2009~2017年)三个阶段(见图1-1),同时每个阶段具备不同的发展特点。

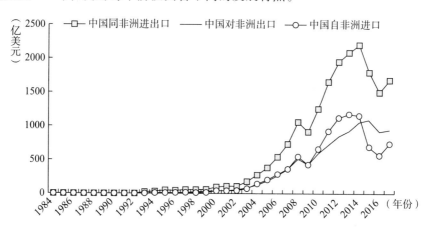

图1-1 1984~2017年中非贸易额情况

数据来源:中国海关总署数据库。

（一）中非贸易逐渐提升阶段（1984~1999 年）

1. 贸易额逐渐增加

20 世纪 80 年代开始，多数非洲国家按照国际货币基金组织和世界银行关于非洲经济状况与经济结构调整的思路进行改革，到 90 年代大多数国家收效甚微，非洲的经济状况并没有得到根本改善（曾萌华，1990）。1984~1999 年，非洲全球进出口总额缓慢上升，进出口总额由 1873.0 亿美元上升至 3024.3 亿美元，其中出口额由 898.2 亿美元上升至 1578.0 亿美元；进口额由 974.9 亿美元上升至 1446.3 亿美元。在此期间，除了 1990 年和 1996 年之外，非洲全球贸易均保持逆差，逆差额最高为 1998 年的 220.6 亿美元。

在此期间中国改革开放已初见成效，制造业发展水平有一定提升，对外贸易也逐渐增加。同时在 20 世纪 80 年代初，面对各种困难，中国从中非关系的大局出发对非洲外交战略进行了调整，调整之后的中非关系由以意识形态画线转变为平等务实，中国对非洲国家也逐步从单向援助发展成为合作互利的关系（乔旋，2008）。在中非关系良性发展的大环境下，中国与非洲国家经贸合作逐步加深，中非之间贸易额逐渐增加，进出口额有所提升。1984~1999 年，中国同非洲的进出口总额均稳步增长。其中，中国同非洲进出口总额由 12.3 亿美元上升至 64.9 亿美元，中国对非洲出口额由 8.2 亿美元上升至 41.2 亿美元，中国自非洲进口额由 4.2 亿美元上升至 23.8 亿美元。在此期间，中国对非洲贸易均为顺差，顺差额最高为 1998 年的 25.8 亿美元。

2. 贸易地位相对较低

这个阶段，中非贸易在中国对外贸易和非洲对外贸易中的比重均不大，与发达经济体之间的贸易占据主导地位。一方面，从中国对外贸易中的占比来看，1984~1999 年，中国同非洲进出口额占中国对世界进出口总额的比例最高为 2.1%（1999 年）；中国对非洲出口额占中国面向全球出口总额的比例最高为 2.8%（1999 年）；中国自非洲进口额占中国面向全球进口总额的比例最高为 1.5%（1999 年）。另一方面，从非洲对外贸易中的占比来看，1984~1999 年，中国同非洲进出口额占非洲对世界进出口总额的比例最高为 2.5%（1984 年），中国对非洲出口额占非洲面向全球出口总额的比例最高为 3.3%（1984 年）；中国自非洲进口额占非洲面向全球进口总额的比例最高为 1.7%（1997 年）。

（二）中非贸易快速发展阶段（2000~2008 年）

1. 贸易额快速增加

进入 21 世纪后至 2008 年全球金融危机之前，非洲政局总体保持平稳态势，为经济发展提供了良好环境，多数国家迎来了发展机遇期。同时非洲逐渐意识到不应盲目模仿西方的发展战略和发展模式，应该根据国情制定符合非洲国家自身条件和利益的发展规划，如 2001 年非洲出台了《非洲发展新伙伴计划》，旨在促进社会协调发展、实现经济全面振兴。在此期间，非洲经济发展取得较好成绩，国际贸易也相应快速增长。2000~2008 年，非洲进出口总额由 3458.7 亿美元上升至 12448.3 亿美元，出口总额由 1818.0 亿美元上升至 6565.6 亿美元，进口总额由 1640.7 亿美元上升至 5882.7 亿美元。在此期间，除 2002 年外，非洲全球贸易保持顺差，顺差额由 2000 年的 177.3 亿美元上升至 2008 年的 682.9 亿美元。

随着中国改革开放的不断深入以及非洲各国经济改革进程的加快，双方积极采取一系列举措，尤其是 2000 年"中非合作论坛"机制的启动，中非经贸合作进入快速发展阶段。中非经贸关系互补，非洲大陆丰富的矿石、木材、石油等自然资源是中国发展所急需的，中国也能提供与非洲国家发展阶段相适应的物美价廉的日用品、服装、纺织品和机电产品等。2000 年中非贸易额实现历史性突破，首次超过 100 亿美元，自此中非双方贸易额开始大幅增长。2000~2008 年，中国对非洲进出口额从 106.0 亿美元跃升至 1072.1 亿美元，中国对非洲出口额从 50.4 亿美元跃升至 512.4 亿美元，中国自非洲进口额则由 55.6 亿美元上升至 559.7 亿美元。在此期间，中国同非洲贸易在 2001~2003 年以及 2007 年出现顺差，其余年份呈现逆差，其中 2008 年逆差额最高，为 47.3 亿美元。

2. 贸易地位逐步提高

在贸易额快速增长的同时，中非贸易在非洲全球贸易中的地位和作用也在逐渐改变；发达经济体的比重有所下降，中国的影响逐步提高。一方面，从中非贸易额在非洲全球贸易中的比例来看，2001~2008 年，非洲向发达经济体出口额占非洲出口总额的比例从 83.7% 下降至 72.9%，向中国出口额的比例则从 4.2% 上升至 12.1%；非洲自发达经济体进口额占非洲进口总额的比例从 64.2% 下降至 49%，自中国进口额的比例则从 4.9% 上升至 11.7%。另一方面，从中非贸易商品结构来看，2008 年非洲主要出口大宗商品中，非洲对中国出口矿产品占其同类产品全球出口总额的比例上升至 15.2%，相比 2001 年上升幅度为 9.6 个百分点，而非洲向发达经济体出口矿产品的比例则下降为 81.7%，下降幅度为 17.1 个百分点；非洲主要进口产品中，非洲自中国进口机电产品和杂项制品占其同类产品全球进口总额的比例已分别上升至 17.9% 和 32.4%，增长幅度分别为 13.2 个百分点和 16.7 个百分点，而非洲自发达经济体进口同类产品的比例则下降至 66.8% 和 46.8%，下降幅度分别为 15.3 个百分点和 15.7 个百分点。

（三）中非贸易结构调整阶段（2009~2017 年）

1. 贸易额波动增加

2008 年全球金融危机的爆发，以及 2010 年"阿拉伯之春"事件的发生，使 2009 年以来非洲经济发展面临一系列挑战。2002~2008 年非洲经济增速均在 5.5% 以上，受金融危机影响，2009 年下降为 3.4%，而后受多重内部外部因素影响，除 2012 年外，非洲经济增速均未回到 5.5%，至 2017 年增速为 3.4%。经济增速的波动也对非洲贸易造成一定影响，2009 年非洲进出口总额由 2008 年的 12448.3 亿美元下降至 9707.7 亿美元。具体来看，2009 年非洲出口总额由 2008 年的 6565.6 亿美元下降至 4733.7 亿美元，之后先升后降，至 2012 年达到此阶段最高值 6594.4 亿美元，而后呈连续下降趋势，至 2017 年非洲出口总额为 3938.7 亿美元。2009 年非洲进口总额由 2008 年的 5882.7 亿美元下降至 4974.0 亿美元，之后也呈先升后降趋势，至 2013 年达到此阶段最高值 6007.3 亿美元，而后缓慢下降，至 2017 年非洲进口总额为 4840.8 亿美元。同时，2013 年以来非洲对外贸易出现逆差，2017 年逆差额为 902.1 亿美元。

为应对全球金融危机，中国推出一揽子措施，经济逆势增长；新兴经济体的崛起和金砖国家合作机制的推进，以及 2013 年中国"一带一路"倡议的提出，为中非贸易合作提供了良好的大环境。2008 年中国和非洲进出口总额首次达到千亿美元，受金融危机影响，2009 年下降为 910.7 亿美元，之后迅速回升，并于 2014 年达到历史最高值 2216.7 亿美元。2014 年下半年以来，新兴经济体增速放缓，部分发达经济体货币贬值，石油和大宗商品价格下跌，非洲国家经济和贸易增速降低，受内外部因素影响，2015年、2016年中非贸易额下降。随着"中非十大合作计划"政策红利的加速释放，2017开始中非贸易额恢复增长，增长至1700亿美元。同时据中国海关统计，2018年1~4月，中国同非洲进出口总额为636.1亿美元，同比增长20.0%。其中，中国对非出口316.8亿美元，增长10.8%，自非进口319.3亿美元，增长30.8%。2018年1~4月，中国对非贸易涨幅全球最高。

2. 贸易地位占据主导

2009年开始，中国稳居非洲第一大贸易伙伴国地位。中非贸易快速增长的同时，中非贸易在非洲全球贸易格局中的地位和作用愈加重要。同时中非贸易发生较大结构变化。一方面，从中非贸易额在非洲全球贸易中的占比来看，2009~2017年，非洲向发达经济体出口额占非洲出口总额的比例继续下降，从56.4%降至48.3%，对中国出口额的占比则继续上升，从11.8%增至18.8%；非洲自发达经济体进口额占非洲进口总额的比例也继续下降，从46.9%降至43.1%，自中国进口额的占比则继续上升，从11.8%升至19.1%。同时与单个经济体相比，中国的占比也大幅领先。2017年除中国外，发展中经济体对非洲出口排名前四位的国家（和占比）分别为：南非（4.8%）、印度（3.6%）、俄罗斯（3.0%）、土耳其（2.3%）；自非洲进口排名前四位的国家（和占比）分别为：印度（6.9%）、南非（2.2%）、土耳其（1.8%）、阿联酋（1.6%）。2017年，发达经济体对非洲出口排名前五位的国家（和占比）分别为：德国（6%）、法国（5.9%）、美国（4.5%）、西班牙（4.1%）、意大利（4%）；自非洲进口排名前五位的国家（和占比）分别为：美国（8.8%）、西班牙（6.9%）、法国（6.5%）、德国（5.5%）、意大利（5.2%）。可以看出，2017年中国同非洲的进出口占比均远超其他国家，中非贸易已成为非洲全球贸易格局中最为重要的环节。

另一方面，从中非贸易商品结构来看，2017年非洲对中国出口矿产品占其同类产品全球出口总额的比例继续上升至23.0%，相比2009年升幅为7.1个百分点，而非洲向发达经济体出口矿产品的比例则继续下降为44.7%，降幅为13.6个百分点；非洲主要进口产品中，非洲自中国进口机电产品和杂项制品占其同类产品全球进口总额的比例已分别继续上升至 31.0% 和 45.7%，增幅分别为 13.1 个百分点和 13.7 个百分点，而非洲自发达经济体进口同类产品的比例则继续下降至 48.3% 和 31.8%，降幅分别为 10.8 个百分点和 7.0 个百分点。此外，非洲自中国进口车辆及其零件、附件（铁道及电车道车辆除外）占其同类产品全球进口总额的比例大幅提高，从 2001 年的 1.8% 上升到 2017 年的 13.7%。非洲向中国出口铜及其制品占其同类产品全球出口总额的比例快速上升，已由 2001 年的 3.2% 上升到 2017 年的 20.2%。

通过回顾 1984 年以来中非贸易的发展历程不难看出：30 多年来，中非贸易已从非洲贸易格局中的"边缘化"位置发展为核心位置，中国已成为非洲最为重要的贸易伙伴。当非洲面临经济放缓、全球需求下降的挑战时，中国需求仍能有力地支撑非洲的商品出口，中非贸易逆势而上。随着 2015 年"中非合作论坛"约堡峰会上提出的"十大合作计划"的推进，中非经贸合作有望延续良好态势，迈向更高水平。

二　中非贸易结构特征

（一）国别分布高度集中

从国别的视角来看，中国对非洲大陆出口目的地的分布比较集中。由表 1-1 可知，1998 年以来，中国对非洲出口前五位国家占中国对非洲出口总额的比例均在 50% 以上，前十位国家占比均在 70% 左右。2017 年中国对非洲出口前五位国家（南非、尼日利亚、埃及、阿尔及利亚、肯尼亚）占比为 52.3%，前十位国家占比为 69.8%，相比于 1998 年，集中度稍稍下降。同时可以发现，南非、埃及和尼日利亚稳居前三位国家位置，国别高度集中，同时近年来埃塞俄比亚进入前十位国家之列，2015 年、2016 年和 2017 年分别居第九位、第八位和第九位。

从国别的视角来看，中国自非洲大陆进口来源地的分布更加集中。由表 1-2 可知，1998 年以来，中国自非洲进口前五位国家占中国自非洲进口总额的比例均在 70% 以上，前十位国家占比均在 85% 以上。2017 年中国自非洲进口前五位国家〔南非、安哥拉、刚果（布）、刚果（金）、赞比亚〕占比为 74.9%，前十位国家占比为 86.7%，相比于 1998 年，集中

表1-1　中国对非洲出口前十位国家（1998～2017年）

年份	1998	2000	2005	2010	2015	2016	2017
前十位国家	南非	南非	南非	南非	南非	南非	南非
	埃及	埃及	尼日利亚	尼日利亚	尼日利亚	埃及	尼日利亚
	尼日利亚	尼日利亚	埃及	埃及	埃及	尼日利亚	埃及
	苏丹	贝宁	阿尔及利亚	利比里亚	阿尔及利亚	阿尔及利亚	阿尔及利亚
	摩洛哥	摩洛哥	苏丹	阿尔及利亚	肯尼亚	肯尼亚	肯尼亚
	贝宁	科特迪瓦	摩洛哥	摩洛哥	加纳	加纳	加纳
	科特迪瓦	阿尔及利亚	贝宁	贝宁	坦桑尼亚	坦桑尼亚	摩洛哥
	肯尼亚	苏丹	加纳	利比里亚	安哥拉	埃塞俄比亚	坦桑尼亚
	阿尔及利亚	肯尼亚	多哥	安哥拉	埃塞俄比亚	摩洛哥	埃塞俄比亚
	加纳	利比里亚	肯尼亚	苏丹	贝宁	塞内加尔	安哥拉
前五位在中国对非洲出口总额中的占比	57.1%	59.8%	57.6%	53.3%	50.7%	50.1%	52.3%
前十位在中国对非洲出口总额中的占比	73.1%	75.9%	78.1%	71.2%	68.9%	68.2%	69.8%

数据来源：中国海关总署数据库。

表 1 - 2 中国自非洲进口前十位国家（1998～2017 年）

年份	1998	2000	2005	2010	2015	2016	2017
前十位国家	南非	安哥拉	安哥拉	安哥拉	南非	南非	南非
	安哥拉	南非	南非	南非	安哥拉	安哥拉	安哥拉
	加蓬	苏丹	苏丹	苏丹	刚果（金）	刚果（布）	刚果（布）
	摩洛哥	加蓬	刚果（布）	利比亚	刚果（布）	赞比亚	刚果（金）
	赤道几内亚	刚果（布）	赤道几内亚	刚果（布）	南苏丹	刚果（金）	赞比亚
	喀麦隆	赤道几内亚	利比亚	赞比亚	赞比亚	南苏丹	加蓬
	塞拉利昂	尼日利亚	尼日利亚	刚果（金）	加纳	加蓬	加纳
	刚果（布）	喀麦隆	阿尔及利亚	阿尔及利亚	尼日利亚	加纳	尼日利亚
	埃及	津巴布韦	加蓬	尼日利亚	赤道几内亚	尼日利亚	几内亚
	津巴布韦	埃及	摩洛哥	毛里塔尼亚	加蓬	毛里塔尼亚	赤道几内亚
前五位在中国自非洲进口总额中的占比	77.7%	76.9%	77.7%	77.6%	76.5%	75.5%	74.9%
前十位在中国自非洲进口总额中的占比	90.9%	94.4%	89.3%	89.9%	85.9%	85.8%	86.7%

数据来源：中国海关总署数据库。

度稍稍下降。但同时可以发现，南非和安哥拉稳居前两位国家位置，国别高度集中，2017 年中国自南非进口额占中国自非洲进口总额的比例为 33.6%，自安哥拉进口额占中国自非洲进口总额的比例为 27.6%，自这两个国家的进口额占了当年中国自非洲进口总额的 60% 以上。

（二）产品结构互补且稳定

非洲大陆素有"世界原料仓库"的美誉，基本富含工业化所需的各种原材料。非洲拥有的黄金、钻石、铜、银、铀、锰、钴、铬、铂、锗、钯、磷酸盐等十几种珍稀矿物储量均居世界第一位；非洲约 22% 的土地被森林覆盖，盛产红木、黑檀木、花梨木、乌木、胡桃木等多种名贵木材；非洲还是世界可可、咖啡、天然橡胶、油棕、剑麻、丁香、花生、棉花、烟叶等经济作物的重要产地；非洲的渔业、畜牧业资源也相当丰富（韦晓慧、黄梅波，2018）。英国之所以最早成为世界工厂，处于其殖民统治之下的非洲国家作为工业原料供应地发挥了不可或缺的作用。日本和中国在走向世界工厂的进程中同样大量借助了非洲的工业原料，只是获取原料的手段不再是英国式的武力和强权，而是国际贸易。可以说，当前全球发达国家的发展，乃至全球工业化与现代化进程的推进，离不开非洲这个原料仓库所做出的巨大贡献。中国与非洲之间的贸易结构呈现高度互补的特点，中国主要向非洲出口工业制成品，自非洲进口资源类商品。

从表 1-3 可以看出，中国对非洲主要出口工业制成品。其中，"电机、电气设备及其零件等"（编码 85）是最主要的出口商品，占中国对非出口商品总额比重常年保持在 14% 以上，2017 年占比高达 18.2%，位列第一。"核反应堆、锅炉、机器、机械器具及其零件"（编码 84）、"车辆及其零件、附件等"（编码 87）是近几年来中国对非洲出口逐渐增多的商品，2017 年占比位列第二、第三。以上三类商品为机械制成品，2002 年以来该三类商品占到中国对非洲出口商品总额的三分之一以上。中国对非洲出口的第二大类商品为贱金属及其制品，以"钢铁制品"（编码 73）、"钢铁"（编码 72）为主，2017 年该两类商品占到中国对非洲出口商品总额比重的 8.5%。中国对非洲出口的第三大类商品为生活制成品，以"鞋靴、护腿和类似品及其零件"（编码 64）、"家具、寝具、褥垫、弹簧床垫、软坐垫及类似的填充制品等"（编码 94）、"非针织或非钩编的服装及衣着附

件"（编码 62）为主，2017 年该三类商品占到中国对非洲出口商品总额的
8.1%。中国对非洲出口的第四大类商品为化工产品，以"塑料及其制品"
（编码 39）、"橡胶及其制品"（编码 40）为主，2017 年该两类商品占到中
国对非洲出口商品总额的 5.8%。此外，以上十类商品占中国对非洲出口
商品总额比重越来越大，由 2001 年的 47.5% 上升到 2017 年的 62.4%。中
国对非洲出口的商品越来越集中，主要表现为机械制成品的份额居高不
下，2005 年以来编码 84、编码 85 和编码 87 这三类商品的总份额均在 40%
及以上。

表 1 - 3　2001 ~ 2017 年中国对非洲出口前十位商品所占份额的变化情况

单位：%

商品 HS 编码	2001 年	2005 年	2009 年	2013 年	2015 年	2016 年	2017 年
85	14.2	18.2	18.9	16.8	20.2	20.1	18.2
84	12.2	15.9	17.6	18.6	16.3	18.3	16.4
87	3.2	7.3	7.9	8.2	6.2	5.2	5.4
73	3.8	4.7	8.6	5.3	5.6	5.8	5.3
39	2.3	2.3	2.6	3.6	3.2	3.3	3.6
72	0.7	0.9	1.7	2.8	4.7	4.4	3.2
64	5.2	4.3	2.2	2.3	2.3	2.3	3
94	1.4	2.3	2.5	2.5	2.6	2.3	2.6
62	2.1	3.5	2.4	2	2.7	2.4	2.5
40	2.4	2.3	2.1	2.6	2	2.2	2.2
合计	47.5	61.7	66.5	64.7	65.8	66.3	62.4

数据来源：International Trade Centre。

从表 1 - 4 可以看出，中国自非洲进口商品集中度更高，主要是资源类
商品，尤其是矿产品，其中最主要的是"矿物燃料、矿物油及其蒸馏产
品"（编码 27），2001 年以来占中国自非洲进口商品总额的比例均在 57% 以
上，在 2007 年更是达到了 82.3% 的最高值。"矿砂、矿渣及矿灰"（编码
26）也是中国自非洲进口的主要矿产品，2009 年以来占中国自非洲进口商
品总额的比例保持在 12.5% 及以上。2001 年以来，这两类矿产品在中国自
非洲进口商品总额中比重均在 75% 以上，2008 年最高值为 90.7%。此外，
加上其他八类商品"铜及其制品"（编码 74）、"其他贱金属、金属陶瓷及
其制品"（编码 81）、"木及木制品、木炭"（编码 44）、"钢铁"（编码

72）、"烟草及烟草代用品的制品"（编码 24）、"含油子仁及果实等"（编码 12）、"羊毛、动物细毛或粗毛"（编码 51）、"木浆及其他纤维状纤维素浆"（编码 47），2017 年中国自非洲进口的前十位商品，占到了自非洲进口商品总额的 95.3%，且 2001 年以来这十类商品的占比均在 90% 左右，可见中国自非洲进口商品结构高度集中且相当稳定。

表 1 - 4 2001 ~ 2017 年中国自非洲进口前十位商品所占份额

单位：%

商品 HS 编码	2001 年	2005 年	2009 年	2013 年	2015 年	2016 年	2017 年
27	71.3	72.8	73.9	67.6	60.9	57.2	59.8
26	5.9	8.3	12.5	17.9	15.8	18.6	19.4
74	0.7	1.1	2.4	5	7.2	6.7	4.5
81	0.3	0.3	0.6	0.8	2.1	2.3	3.6
44	6.4	3.7	1.4	1.1	2.7	2.7	2.7
72	2.6	2.1	2.5	1.6	2	3.6	1.9
24	2.7	0.7	0.2	0.2	0.2	0.2	1.2
12	0	0.9	0.8	0.7	1.8	1.6	1.1
51	0.5	0.2	0.3	0.3	0.4	0.6	0.6
47	2.4	0.1	0.2	0.3	0.9	0.8	0.5
合计	92.8	90.2	94.8	95.5	94	94.3	95.3

数据来源：International Trade Centre。

三 中国对非洲投资实践的特征

长期以来中国政府一直积极推动对外投资便利化，鼓励中国企业实行"走出去"战略，进行对外投资，中国对外直接投资一直处于高速发展的态势，2013 年对外直接投资流量首次突破千亿美元，2015 年中国对外直接投资流量首次超过实际利用外资金额，2017 年中国对外直接投资流量规模为 1582.9 亿美元，仅次于美国和日本（分别为 3422.7 亿美元和 1604.5 亿美元），位居世界第三。而作为世界经济增长的新亮点，非洲大陆自然资源丰富、劳动力成本低等优势一直吸引着中国企业到当地进行投资，中国对非洲直接投资规模逐步扩大。

（一）中国对非投资规模扩大

随着中国鼓励本国企业"走出去"战略的实施，中国对非直接投资规模也增长迅速，并已成为非洲主要的外资来源国之一。一方面，如图1－2所示，中国对非直接投资存量规模迅速扩大，从2003年的4.9亿美元增加至2017年433亿美元，增加了87倍多。另一方面，中国在非洲地区直接投资的流量规模在2003年为0.75亿美元，仅在五年间就增长了72倍多，因中国工商银行收购南非标准银行特大项目，2008年中国对非直接投资流量达到最高值，为54.9亿美元。随后，受全球金融危机的影响，2009年中国对非直接投资流量规模下降为14.4亿美元，接着又迅速反弹，在2013年恢复至33.7亿美元，而后受世界经济大环境以及埃博拉疫情的影响，2014～2016年中国对非直接投资流量连续三年下滑，2016年为24.0亿美元，2017年同比增长70.8%，达到41亿美元，但仍未恢复到全球金融危机前的水平。

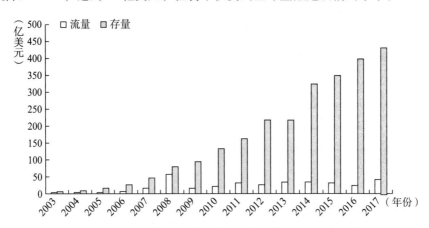

图1－2　中国对非直接投资流量和存量规模（2003～2017年）
数据来源：2010年、2017年《中国对外投资统计公报》。

与此同时，由图1－3可知，从非洲每年吸引外资流量总额来看，中国所占的比重上升也很快，从2003年的0.4%迅速上升为2008年的9.4%，受全球金融危机的冲击该数值2009年大幅下降，但在2011年又迅速回升至6.8%，中国成为非洲前三个（法国、美国、中国）外资主要来源国之一，之后受国际市场大宗商品价格波动和非洲埃博拉疫情等因素的影响，中国占比虽有所波动，但整体仍呈现上升的趋势，2017年中国所占比重为9.8%，已恢复到危机前的水平；从非洲吸引外资存量总额来看，中国占比呈现明显的上升趋势，从 2003 年占比不到 0.2%，上升到 2017 年占比为 5.0%。

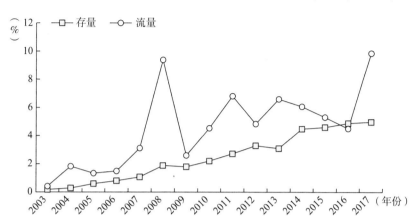

图 1 - 3 中国对非投资占非洲吸引外资的比重（2003 ~ 2017 年）

数据来源：联合国贸易和发展会议数据库；2010 年、2017 年《中国对外投资统计公报》。

（二）投资的地域覆盖率高，但地区不平衡

由 2017 年中国对外直接投资统计公报可知，截至 2017 年底，中国对非洲地区的投资已经遍布非洲大陆 52 个国家，中国在非洲地区投资的境外企业覆盖率为 86.7%，与亚洲、欧洲、北美洲、拉丁美洲和大洋洲相比，在非洲覆盖率排名第三，次于亚洲（97.9%）和欧洲（87.8%）。由表 1 -5 可知，从投资企业数量上来看，中国对非投资的境外企业数量一直处于上升阶段，且投资覆盖率一直在 81.0% 及以上。中国企业"走出去"，2008 年在非洲设立的境外企业少于 1600 家，而 2017 年在非洲共设立超过 3400 家境外企业，占同期中国投资的境外企业总数的 8.7%，主要分布在赞比亚、尼日利亚、埃塞俄比亚、南非、肯尼亚、坦桑尼亚、加纳、安哥拉、乌干达等国。

表 1 -5 中国对外直接投资企业在非洲的分布

年份	境外企业数量（家）	投资覆盖率（%）
2005	—	83.0
2006	—	81.0
2007	—	81.0
2008	近 1600	81.0
2009	1600 多	83.0

续表

年份	境外企业数量（家）	投资覆盖率（%）
2010	1955	85.0
2011	2054	85.0
2012	2529	85.0
2013	2955	86.7
2014	超过 3000	86.7
2015	近 3000	85.0
2016	超过 3200	86.7
2017	超过 3400	86.7

数据来源：2005～2017 年《中国对外投资统计公报》。

但中国对非洲直接投资仍主要集中在几个少数的国家，具有很强的地区不平衡性。一方面，中国对非洲的直接投资主要集中在阿尔及利亚、刚果（金）、南非、尼日利亚、赞比亚等国。从流量规模来看，由表 1－6 可知，2003 年吸引中国外资流入的前十个非洲国家占比为 87.8%，2007 年进一步上升为 91.7%；2014 年吸引中国外资流入的前十个非洲国家共计吸引投资 26.5 亿美元，占非洲吸引中国外资流入总额的 82.8%；2017 年吸引中国外资流入的前十个非洲国家共计吸引投资 31.6 亿美元，占非洲吸引中国外资流入总额的 76.8%。从存量规模来看，由表 1－7 可知，截至 2017 年底，吸引中国外资流入的前十个非洲国家依次为南非、刚果（金）、赞比亚、尼日利亚、安哥拉、埃塞俄比亚、阿尔及利亚、津巴布韦、加纳和肯尼亚，共计吸引投资 281.2 亿美元，占非洲吸引中国外资存量总额的 64.9%。另一方面，从中国投资企业的国家分布来看，截至 2011 年底，国有企业投资前十位非洲东道国主要分布在赞比亚（67 家）、尼日利亚（62 家）、埃塞俄比亚（47 家）、苏丹（43 家）、坦桑尼亚（39 家）、阿尔及利亚（38 家）、安哥拉（35 家）、南非（35 家）、肯尼亚（33 家）和津巴布韦（32 家）；民营企业投资前十位非洲东道国主要分布在尼日利亚（155 家）、南非（101 家）、埃及（65 家）、埃塞俄比亚（60 家）、加纳（51 家）、赞比亚（50 家）、刚果（金）（49 家）、安哥拉（41 家）、坦桑尼亚（39 家）、肯尼亚（32 家）。因此无论从中国对非直接投资流量和存量的分布来看，还是从中国企业对非投资的东道国选择来看，中国对非直接投资的国家分布依旧不平衡。

表 1-6　中国对非洲直接投资量前十位国家（2003～2017 年）

单位：百万美元，%

国家	2003 年		国家	2007 年		国家	2014 年		国家	2017 年	
	规模	占比		规模	占比		规模	占比		规模	占比
尼日利亚	24.4	32.6	南非	454.4	28.9	阿尔及利亚	665.7	20.8	安哥拉	637.6	15.5
毛里求斯	10.3	13.7	尼日利亚	390.4	24.8	赞比亚	424.9	13.3	肯尼亚	410.1	10.0
南非	8.7	11.8	阿尔及利亚	145.9	9.3	肯尼亚	278.4	8.7	刚果（金）	340.2	8.3
赞比亚	5.5	7.4	赞比亚	119.3	7.6	刚果（布）	238.6	7.5	南非	317.4	7.7
马里	5.4	7.2	尼日尔	100.8	6.4	尼日利亚	199.8	6.2	赞比亚	305.8	7.4
加纳	2.9	3.9	苏丹	65.4	4.2	中非	182.2	5.7	几内亚比绍	286.6	7.0
阿尔及利亚	2.5	3.3	刚果（金）	57.3	3.6	苏丹	174.1	5.4	刚果（布）	284.2	6.9
埃及	2.1	2.8	利比亚	42.3	2.7	坦桑尼亚	166.6	5.2	苏丹	254.9	6.2
贝宁	2.1	2.8	安哥拉	41.2	2.6	埃及	162.9	5.1	埃塞俄比亚	181.1	4.4
毛里塔尼亚	1.7	2.3	埃及	25.0	1.6	刚果（金）	157.6	4.9	尼日利亚	138.0	3.4
合计	65.6	87.8	合计	1442	91.7	合计	2650.8	82.8	合计	3155.7	76.8

数据来源：2010 年度、2017 年度《中国对外投资统计公报》。

表 1 – 7   中国对非洲直接投资存量前十位国家（截至 2017 年底）

国家	存量（百万美元）	占比（%）
南非	7472.8	17.3
刚果（金）	3884.1	9.0
赞比亚	2963.4	6.8
尼日利亚	2861.5	6.6
安哥拉	2260.2	5.2
埃塞俄比亚	1975.6	4.6
阿尔及利亚	1833.7	4.2
津巴布韦	1748.3	4.0
加纳	1575.4	3.6
肯尼亚	1543.5	3.6
合计	28118.5	64.9

数据来源：2017 年度《中国对外投资统计公报》。

（三）投资行业日趋多元化

中国对非洲直接投资行业也日趋多元化，投资的行业领域不断拓宽，逐步从能源领域扩展到建筑业、制造业、商品贸易业、农业等，几乎涵盖所有行业部门。由图 1 – 4 可知，2014 年中国对非洲投资行业分布较广，前八位行业依次为建筑业（所占份额为 23.7%），交通运输、仓储和邮政业（所占份额为 17.6%），制造业（所占份额为 15.7%），采矿业（所占份额为 13.1%），金融业（所占份额为 8.6%），租赁和商务服务业（所占份额为 4.4%），农/林/牧/渔业（所占份额为 4.1%），房地产业（所占份额为 3.9%）。国际上个别媒体声称中国对非洲的投资带有"掠夺资源"的性质，这是与事实不符的。实际上从行业分布来看，由 2014 年度《中国对外直接投资统计公报》数据可知，流量方面，2014 年非洲建筑业吸引的中国外资流入份额为 23.7%，制造业吸引的中国外资流入份额为 15.7%，这两个行业的外资流入份额均高于采矿业（所占份额为 13.1%）；存量方面，由图 1 – 5 可知，截至 2017 年底，非洲建筑业吸引的中国外资流入存量份额为 29.8%，高于采矿业（所占份额为 22.5%）。另据 2014 年《中国对外投资合作发展报告》可知，制造业是中国企业对撒哈拉以南非洲投资最具吸引力的行业，制造业投资所占份额高达 30% 还多；2009～2012 年，非洲制造业吸引的中国企业直接投资额为 13.3 亿美元。截至 2017 年底，非洲制造业吸引的中国企业投资存量高达 57.1 亿美元，所占份额为 13.2%。

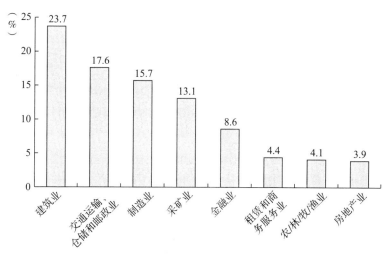

图 1-4　中国对非洲直接投资流量分布前八位行业（2014 年）

数据来源：2014 年度《中国对外直接投资统计公报》。

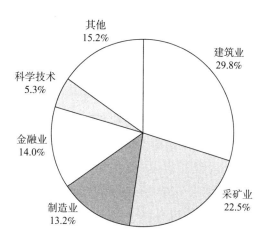

图 1-5　2017 年底中国对非洲直接投资存量行业比重

数据来源：2017 年度《中国对外直接投资统计公报》。

（四）对外承包工程持续增长

由于长期友好的政治关系和较强的产业互补性，非洲一直是中国对外承包工程的重要市场。由图 1-6 可知，1998 年以来中国对非洲承包工程快速发展，中国对非洲承包工程完成营业额由 1998 年的 18.7 亿美元上升到 2017 年的 511.9 亿美元，年均增长速度为 44.4%。

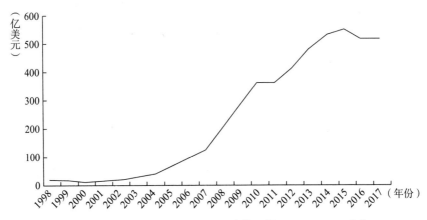

图 1 - 6   中国对非洲承包工程完成营业额（1998 ~ 2017 年）

数据来源：国家统计局。

另据 2017 年《中国对外投资合作发展报告》可知，2016 年非洲地区新签合同额和完成营业额分别占中国对外承包工程新签合同总额和完成营业总额的 32.6% 和 32.3% 。2016 年中国对非洲承包工程新签合同额前十位非洲国家依次为安哥拉（85.6 亿美元）、埃塞俄比亚（83.5 亿美元）、埃及（80.2 亿美元）、赞比亚（63.1 亿美元）、尼日利亚（59.9 亿美元）、阿尔及利亚（58.5 亿美元）、肯尼亚（42.5 亿美元）、刚果（布）（35.7 亿美元）、加纳（25.1 亿美元）、津巴布韦（21.7 亿美元），前十位非洲国家新签合同总额为 555.8 亿美元，占同期非洲新签合同总额的 69.9% ；同期中国对非承包工程完成营业额前十位非洲国家依次为阿尔及利亚（84.3 亿美元）、埃塞俄比亚（47.1 亿美元）、肯尼亚（45.5 亿美元）、安哥拉（43.3 亿美元）、尼日利亚（26.1 亿美元）、埃及（22.8 亿美元）刚果（布）（21.7 亿美元）、乌干达（18.9 亿美元）、赞比亚（17.9 亿美元）、坦桑尼亚（15.2 亿美元），前十位非洲国家完成营业总额为 342.8 亿美元，占同期非洲完成营业总额的 66.6% 。

四   中非经贸合作的历史回溯

中国与非洲国家有着悠久的贸易往来史，中非之间的经贸关系具有根深蒂固、牢不可破的基础。汉朝时期，中国的丝织品经过"丝绸之路"源源不断地运往埃及等国；唐宋元时期，我国的丝绸、棉织品、陶瓷制品大量运往非洲；明清时期，郑和七下西洋访问了非洲许多国家，开辟了中非海上贸易的渠道；非洲国家在同中国的贸易交往中也学习了许多先进的文化和制作技术（郑宝银，2006）。20 世纪 50 年代开始，中非的经贸合作步伐加快，彼时中华人民共和国刚成立，非洲各国纷纷独立，皆有着发展经济、尽快提高国民生活水平的任务，中国与非洲各国对双方经贸合作高度重视，在政府与企业的共同努力下，中国同非洲国家的经贸关系迅速发展。

（一）1949 年前的中非交往

古代的中国与非洲都是以农业文明为基础而形成的自然经济体系。双方在彼此的交往中，经济体系上具有自给性，政治体系上具有封闭性，经贸交往上具有零散性，人员往来上具有偶然性。因中非地理上相距遥远，受到当时生产力发展、科技水平以及交通条件的限制，中非双方的交往规模始终不大。同时，双方交往经常受到中间势力的影响与左右，联系方式常以间接贸易、间接交往为主，直接贸易和交往较少。中非之间民间交往早于官方交往，间接交往早于直接交往，这是古代中非关系发展史上的主要特点。在早期的中非交往中，非洲国家经济基础相对薄弱，因此表现出更大的积极性和主动性，中国虽然处于相对优势地位，但中国和非洲人民各层面的交往都是独立自主和平等互利的。在近代世界体系确立之后，中国和非洲之间的关系发生了根本性转折，由于西方殖民主义的干预，中非双方对外贸易的自由度以及双方人员交流的通畅性在一定时期内受到了限制。也正是在这一过程中，双方对彼此都有了更深的理解，也更加亲近，从而结成了历经历史考验的战略关系，并为当代中非关系最终发展为"全天候朋友"关系奠定了坚实的基础。

（二）1949～1978 年的中非合作

这一时期中非合作的主要目标可以概括为"求生存，争自立"。随着中华人民共和国的成立，中非关系开创了新纪元，中国与非洲国家建立了具有现代意义的民族国家之间的外交关系，由以民间交往为主的间接往来上升为以官方交往为主的直接合作。同时，中非之间开创的"以经济先导，以政治主导"的援助型合作模式，构建了国际关系史上前所未有的平等互利的关系，并在国际上形成了一股和平、民主、合作、发展的正义力量，在一定程度上改变了战略力量对比和国际政治氛围。通过合作，中非双方特别是非洲国家逐渐摆脱了西方大国的控制，重新掌握了自身发展的独立权和主动性。在这个时期，中非交往与经济、政治等方面合作都达到前所未有的广度和深度，是几千年来中非交往的新高峰。中非合作是真正建立在独立平等、相互尊重、不干涉对方内政、不附带条件的新型关系上的合作。同时，中国充分根据国际形势的变化和国家根本利益的诉求来制定对非洲国家的政策，在坚持原则性的同时，也体现了实践上的灵活性。但客观来说，这一时期中非关系以政治合作为主，经济合作为辅。

（三）1979 年至 20 世纪末的中非合作

在 20 世纪的最后 20 年里，国际形势风云激荡。随着苏联解体、两极格局终结，国际格局在多极化发展的过程中出现了"一超多强"的过渡性局面。同时全球化趋势不断加强，相互依存持续加深，时代主题由"战争与革命"转变为"和平与发展"，对话取代对抗，合作替代纷争。中非双方面对外界的新转折、新变化，在各自内部也进行了相应的调整和转变，政策方针纷纷回归到"谋发展，促自强"的主题上。中非合作由原先的"政治利益为主导，经济服务于政治"的政策逐渐转向了"政经交往平衡，合作对等互利"的方针，体现出一种"务实进取，谋求双赢"的精神，有利于双方合作开展的长期性和建设性。中非双方通过调整合作方式，即由国家官方援建合作逐步转向民间合资合营，由政府经济援助转向商业低息信贷，进一步提升了合作效益，有助于实现彼此的联合自强，在多极化世界中寻找适合自己的位置。面对全球化趋势给中国和非洲带来的前所未有的挑战，处于弱势地位的中非双方都明确地认识到开展经济建设、发展民族经济的重大意义。双方在经济合作上达成了共识，着力推进以经贸合作为重点的全面、双向、共赢的合作，并取得了显著的合作成果。中非合作经受住了历史与实践的考验，并根据形势任务的改变不断地调整完善，可谓历久弥新。同时，中非双方在长期的交往合作中增进了彼此的信任，结下了深厚的友谊，谱写了光辉的篇章。中非合作步入了理性、平衡、互补、多元的合作阶段，并在不断地摸索和探寻着更多的适应形势发展要求的新型合作方式，为 21 世纪中非关系的发展奠定了良好基础。

（四）进入 21 世纪后的中非合作

中非合作论坛成立于 2000 年，每三年召开一次，论坛举办的地点在中国和非洲国家之间轮换，这种机制被实践证明是有效的。21 世纪以来，在中非合作论坛的框架下，双方合作涵盖多个方面。特别是近年来，从六大工程（产业、金融、减贫、绿色生态环保、人文交流、和平与安全）到"三网一化"蓝图，又到中非合作论坛约堡峰会提出的涵盖政治、经济、文明、安全和国际事务的五大支柱，再到 2018 年北京峰会"合作共赢，携手构建更加紧密的中非命运共同体"。中非合作已经有了坚实的基础，形成了自身的优势。

当前中非经贸合作正站在新的历史起点上，2013 年国家主席习近平访非时，总结提炼过去几十年中国发展对非关系秉持的核心精神，提出的真实亲诚理念和正确义利观，成为中非以及中国同发展中国家关系与合作的政策依归。2017 年 5 月 4 日举行的"一带一路"高峰论坛向非洲所有国家开放，同非洲国家分享"一带一路"的发展机遇。非洲是"一带一路"向西推进的重要组成部分，"一带一路"倡议和中非"十大合作计划"可以帮助非洲国家解决基础设施发展的瓶颈，进而为非洲抓住工业化机遇提供条件。2018 年不仅是中国改革开放四十周年，也是中国和南非建交二十周年，可以称之为中国的"非洲年"。2018 年 7 月，金砖国家领导人第十次会晤在南非举行，中国国家主席习近平出席金砖国家领导人会晤并访问非洲国家，这是习近平主席自 2013 年和 2015 年两次访非后第三次访问非洲大陆，2018 年以来，中国和非洲国家领导人互访和交流频繁；2018 年 9 月中非合作论坛北京峰会，是中非合作论坛在 2006 年北京峰会之后、时隔12 年再次在北京召开的峰会。2018 年中非合作论坛北京峰会强调中非要携起手来，共同打造责任共担、合作共赢、幸福共享、文化共兴、安全共筑、和谐共生的中非命运共同体，重点实施好产业促进、设施联通、贸易便利、绿色发展、能力建设、健康卫生、人文交流、和平安全"八大行动"。中非都把对方视为自己的发展机遇和对外战略的重要支点，中国需要非洲，非洲也需要中国。

五　中非经贸合作的前景展望

（一）"一带一路"倡议需加上非洲，促进中非经贸合作

"一带一路"倡议高度契合非盟《2063 年议程》，将为中国和非洲的

经贸合作提供战略契机。中国"一带一路"倡议提出以来，得到世界100多个国家和国际组织的响应和积极参与，在政策沟通、设施联通、贸易畅通、资金融通、民心相通上取得了有效成果。与非洲特别是东部和南部非洲国家进行贸易往来是海上丝绸之路的历史和自然延伸。中国明代著名航海家郑和率船队七次下西洋，访问了很多非洲国家，增进了中非友谊，促进了友好合作（郑宝银，2006）。非洲是"一带一路"的重要节点，也是中国向西推进"一带一路"建设的重要方向和落脚点。当前中非合作正站在新的历史起点上，"一带一路"建设将给中非经贸合作带来前所未有的新的机遇。

对于非洲国家而言，"一带一路"成功对接了非洲国家的工业化需求，劳动密集型产业的转移可以成为新的发展合作方式，这种方式跟基础设施互联互通是互补的。"一带一路"以基础设施互联互通为主，以产业转移为辅。在非洲，可以是以产业转移为主，以基础设施建设为辅。就像车子的两个轮子一样，它们可以成为经贸合作的两个支撑点。

缺少对外合作是非洲发展的瓶颈。非洲有丰富的资源，发展工业的潜力是巨大的。但是困难在于非洲缺乏对外合作，非洲邻国之间也缺少合作，所以非洲各国应该共同发展工业建设。交通运输是另一个障碍。无论是国家还是地区，整个非洲大陆没有可以统一调配利用的交通运输基础设施。参与"一带一路"倡议是非洲国家的有利选择。"一带一路"将加强中非之间的贸易投资，保持双方紧密和高水平的经济合作关系，帮助非洲改善基础设施，建立安全的陆上、水上、空中交通运输网络。

"一带一路"倡议的核心是双赢。现在中国正在进行工业结构优化调整，并向外输送优质产能。由于国内生产成本上升，中国一些企业正在把目光转向非洲，许多中国公司都有意向到非洲长期投资。肯尼亚、卢旺达、坦桑尼亚等非洲国家也通过工业保护发展计划寻找能在非洲投资的中国公司。中国在非投资企业为非洲带来大量资金，并通过雇用当地工人，创造了大量就业岗位，这将使非洲大陆受益。中国公司的生产线向非洲转移将使许多非洲国家的工业得到发展。在对接"一带一路"建设的大背景下，非洲国家应利用好与中国之间经贸合作的既有优势，推进与中国之间的优势产能合作，这也是推动双方经贸合作进一步发展的重要途径。

（二）在轻工、电力、基础设施等领域对接，加强合作

1. 轻工产业。依托劳动力优势和资源优势，中国承接发达国家纺织、服装、玩具等劳动密集型产业的转移，创造大量就业和经济收入的同时，也使得劳动密集型产业在中国制造业中占据较高比重。但随着要素禀赋结构的改变，上述产业在中国正逐步失去其比较优势。出于利润最大化的追求，积极寻求海外市场转移是不少企业的不二选择。而非洲国家拥有发展轻工制造业的比较优势，非洲约有 11.71 亿人口（2015 年），且 25 岁以上人口劳动参与率为 72.7%。年轻人工作意愿较强，非洲国家工资水平较低，如埃塞俄比亚 2013 年月平均工资不到中国的十分之一。资源禀赋特点和产业结构的互补性使得非洲成为中国轻工纺织业转移的理想转出地（黄梅波、张晓倩，2016）。

2. 电力行业。非洲国家面临电力短缺问题，据世界银行统计数据，2012 年撒哈拉以南非洲通电率仅为 35.3%，远低于同期世界平均通电率水平（84.6%）和中国通电率水平（100%）；2015 年撒哈拉以南非洲电力中断导致的价值损失（占销售额比例）为 8.8%，高于同期世界平均水平（4.8%），而中国该数值仅为 1.3%。鉴于对于工业发展来说至关重要的电力短缺问题严重，非洲各国也在为改变这种现象而努力。2012～2020 年非洲基础设施发展计划的优先行动计划中，以水电站和火电站为主的能源建设预计投资额高达 403 亿美元，占基础设施领域预计总投资额的比重为 59.35%（刘青海，2014）。而中国经过多年发展，积累下大量优质电力产能，双方之间在电力行业领域的合作前景广泛。2010～2015 年，中国企业在撒哈拉以南非洲地区完成了 30% 的新电力设施修建项目。中国电力企业应积极投资和建设非洲电力项目，不仅有利于解决非洲各国面临的电力短缺困境、消除非洲工业发展的制约因素，也有助于中国电力机械产业的境外投资和跨国转移。

3. 基础设施建设。非洲工业化和城市化发展的关键离不开基础设施的建设，随着非洲国家对基础设施建设的需求旺盛，外国投资者对非洲基础设施投资的兴趣也随之增长。非洲基础设施建设的资金绝大部分由外国提供，由非洲基础设施财团（ICA）统计数据可知，2013 年 13.5% 的资金来自中国，7.4% 的资金来自欧洲，7% 的资金来自美国，4.5% 的资金来自世

界银行，3.3% 的资金来自阿拉伯协调小组。2015 年 1 月，中国与非盟签订基础设施建设合作的谅解备忘录，进一步落实中国提出的中非合作建设非洲铁路、公路、区域航空"三大交通网络"倡议（刘青海，2014）。中国鼓励更多的企业进入非洲市场承接基础设施建设，这不仅可以打破非洲发展瓶颈，也有利于加快中国铁路"走出去"步伐，拓展中国轨道交通装备国际市场。中国轨道交通企业中国中车已经在埃塞俄比亚和南非投资厂，2005～2013 年每年总投资均超过 5000 万美元；中国土木工程集团也在尼日利亚投资建厂，2005～2013 年每年总投资额不到 500 万美元。中国注重铁路技术的创新，轨道交通企业拥有丰富的自主知识产权，技术领先，而非洲市场的需求不断提高，未来将会有更多的企业转为国际化厂商，加大对非洲地区的投资。

（三）非洲应优化对华商品出口结构，提高其出口竞争力

2000 年中非合作论坛建立以后中非贸易迅速发展。2000 年中非贸易额首次超过 100 亿美元，2008 年首次超过 1000 亿美元，2009 年以来中国连续成为非洲最大贸易伙伴，贸易额达到 910.7 亿美元。与此同时，中国对非洲出口贸易结构也在不断优化。从 20 世纪 90 年代开始，中国对非洲出口产品向技术密集型和附加值高的产品转变。这种形势在 21 世纪得到进一步改善，机电产品和高新技术产品占中国对非洲出口的 30% 以上，纺织服装、茶叶、鞋类等初级产品的出口比重显著降低。

与此相对应的是，非洲对华出口产品结构变化不大，以初级产品和资源型产品为主，这是由非洲国家目前的发展水平决定的。但随着时间的推移，这种情况也发生了变化。中国经济已进入产业升级和结构调整的时期，部分制造业行业产能过剩问题亟须化解，而非洲大陆经过最近十几年的经济飞速发展后正面临着大力加快工业化进程的机遇。这些都促使中国和非洲寻找新的合作方式。这就要求非洲国家通过创新和研发优化对中国出口商品结构，提高其现有的出口竞争力，同时也要发展新兴行业的出口能力，提高出口产品的附加值，增加技术产品的出口额。在这个过程中，非洲国家应充分利用中国对非洲出口所带来的正外部性，加强自身学习。而中国在对外投资过程中，也可以对非洲国家提供一定资金和人员的援助，帮助其进行产业转型和出口结构优化。除此之外，中国政府在实施支

持外国投资者的技术转移到中国本土企业的政策上，有非常成功的经验，改革开放后，这一政策迅速帮助中国本土企业提升了生产力，在这方面中国可以向非洲国家分享经验。

（四）以中非经贸合作区为平台，形成产业集聚效应

中国在改革开放初期的 1979 年到 1988 年间，先后建立了五大经济特区，开放了 14 个沿海城市，成功吸引了大量外资和国外先进技术，不仅解决了大量就业，还完成了第一轮的资本积累和产业升级。非洲国家也先后建立了自己特殊的经济区域，如出口加工区、经济特区、园区型自由贸易区等，这些地区在自由贸易、吸引外资、国外先进技术、重大基础设施建设投资等方面享有优惠政策，为工业发展和产业升级提供了有利的外部环境。

长期以来，中非经贸合作以贸易和对非援助为主（张菲，2013），但 21 世纪以来中国对非投资规模迅速增长，中国企业"走出去"到非洲步伐加快，产业园区经验开始在非洲复制。中非经贸合作区的构想，最早可追溯到 1995 年中国政府召开的改革援外工作会议，这次会议首次提出在受援国建立经济开发区。这被认为是把中国建立"经济特区"的成功经验复制到非洲国家。1998 年，中国应埃及方面的要求，双方共同启动建立苏伊士特区项目（后来的苏伊士经贸合作区在此基础上建立）。近年来，中国企业"走出去"步伐越来越快，中国政府鼓励将中国的产业园区经验在东道国复制，建立境外经贸合作区，推动中国企业"走出去"向深层次发展的同时也促进东道国产业的共同发展。中国在非洲已先后建立了赞比亚中国经贸合作区、尼日利亚广东经济贸易合作区、毛里求斯晋非经贸合作区、尼日利亚莱基自由贸易区－中尼经贸合作区、埃及苏伊士经贸合作区、埃塞俄比亚东方工业园、阿尔及利亚·中国江铃经贸合作区 7 个经贸合作区。

中非经贸合作示范区已成为中非产业合作最重要的形式，产业定位于制造业、配套物流业、商贸服务业、房地产业等，不仅有助于非洲国家工业化、扩大贸易和创造就业，也为后金融危机时代中国企业"走出去"搭建了重要平台，被认为是"中国特区"在海外的实践。这些经贸合作区的建立缓解了东道国产业发展过程中遇到的资本和技术短缺问题，为东道国带去成熟的管理经验，促进东道国产业发展的同时加快了中国企业"走出

去"。对于中国来说，中非经贸合作区带动了中国对非洲国家的投资和贸易增长，不仅有利于中国企业走出国门，打开海外市场，谋求长远发展，也是中国实现产业结构调整与升级长期规划中的重要步骤。对于非洲国家来说，非洲国家可以借助中非经贸合作区平台，吸引投资，积极承接制造业转移。园区的建成，一方面有助于东道国对外贸易的发展，增强创汇能力，同时促进东道国吸收、利用外资，从而促进东道国的经济增长；另一方面有助于东道国承接产业转移、技术转移，实现产业升级，同时带动就业，促进工业化进程。

现阶段非洲国家区域经济发展不平衡，在优惠政策辅助下，通过对资金、技术、人才等资源的吸引建立"经济特区"是很好的选择。区域经济发展本质上是资源优化配置的动态过程，"经济特区"的发展符合这样的发展规律。"经济特区"能够较快形成产业集聚，"经济特区"往往具有优越的地理位置或丰富的资源条件，又或者是拥有优惠的政策优势等，"经济特区"在利用这些优势吸引生产要素大量聚集的同时，还不断地在科技、文化、制度等方面进行创新，实行研究、开发、生产、贸易相结合，社会经济活动高度聚集，集聚规模不断扩大，促进整个区域的发展。

六　广东省在中非经贸合作中的地位

2018 年是中国改革开放 40 周年，也是广东省实行改革开放 40 周年。在这 40 年间，总体来看，广东省一直走在全国对外开放的前列。诞生于 1957 年的"广交会"（中国进出口商品交易会）冲破了封锁和包围，建立了中国与世界交往的通道，成为中国瞭望世界、世界了解中国的"窗口"。一年两期的广交会见证了广东省改革开放的伟大成就，其成交情况不仅反映了广东省外贸形势，而且成为分析判断全国外贸走势的一个重要依据。

2000 年中非合作论坛成立以来，中非经贸关系迅速发展，也促进了广东省与非洲国家贸易快速增长，广东省对非洲的优势资源性产品的需求也持续增加，双方经贸合作潜力巨大。据中国海关统计，2017 年广东省对非洲进出口贸易总额为 2493.7 亿元人民币，比上年同期（下同）增长 4.4%。其中，对非出口贸易总额为 1728.6 亿元人民币，增长 3.3%；自非进口贸易总额为 765.0 亿元人民币，增长 7.2%；贸易顺差 963.6 亿元人民币。可见，广东省对非洲贸易延续良好运行态势。

（一）广东省与非洲经贸合作态势

1. 互补性比较强，合作空间比较大。一是资源互补性。广东省作为一个资源贫乏的经济大省，经济发展已经面临资源缺乏的制约，非洲丰富的矿产资源能够充分弥补广东省资源的不足。广东省经济快速发展对资源及原料的需求，有助于解决非洲国家对 1 ~ 2 种资源产品出口的严重依赖，解决非洲资源开发和就业问题。二是资本和技术互补性。非洲多数国家技术水平在国际产业链处于下游，广东省产业转移为其提供了大量设备和提升产业层次的机遇，能够促进非洲国家发展经济，缓解就业压力，丰富当地市场。三是产品互补性。广东省中低档价格的产品符合非洲国家消费水平，在当地有很大的需求，市场潜力巨大，广东省与非洲国家的经贸合作有助于广东省贸易多元化建设，有助于克服其对外贸易过分依赖美国、西欧、日本等发达国家和地区的问题。此外，非洲国家也可以通过经贸合作借鉴广东省经济快速发展的成功经验。随着双方经济贸易领域合作的不断深入，其合作必将向宽领域、多元化方向快速推进，有助于广东省与非洲各国互利共赢（陈万灵、韦晓慧，2015）。

2. 贸易额增速较快，但在广东省外贸中比重仍不大。总体来看，广东省与非洲国家的进出口贸易总量不大，但近年来发展速度较快。由表 1 - 8 可知，2000 年以来，广东省与非洲国家的进出口呈现良好的发展态势，其中，出口总额由 2000 年的 9.7 亿美元增长至 2017 年的 254.8 亿美元，增长了 25 倍多，同期占广东省出口总额的比例也由 1.1% 上升到 4.1%；进口总额从 2000 年的 7.6 亿美元上升至 2017 年 113.0 亿美元，增长了 13 倍多，占广东省进口总额中的比例由 2000 年的 1.0% 上升至 2014 年的 6.4%，而后受非洲内外部因素的影响，占比下降，2017 年占比为 2.9%，仍未恢复到之前水平。但同时也可以看出，2000 年以来，不管是出口方面还是进口方面，非洲国家在广东省对外贸易中的占比均不到 7%，份额依然较小，远低于同期亚洲、欧洲和北美洲在广东省出口和进口总额中的比例。2000 年以来，广东省对非洲国家贸易总体处于顺差状态。

（二）广东省在中非经贸合作中占据重要地位

1. 贸易关系密切。广东省与非洲国家贸易尤其是进口贸易占据中国与

表1-8　广东省的进出口额（2000~2017年）

	2000年		2005年		2010年		2014年		2016年		2017年	
	金额（亿美元）	比重（%）	金额（亿美元）	比重（%）	金额（亿美元）	比重（%）	金额（亿美元）	比重（%）	金额（亿美元）	比重（%）	金额（亿美元）	比重（%）
出口总额	919.2	100.0	2381.7	100.0	4531.9	100.0	6460.9	100.0	5985.6	100.0	6228.7	100.0
亚洲	491.6	53.5	1269.4	53.3	2504.2	55.3	3887.2	60.2	3426.7	57.2	3429.0	55.2
非洲	9.7	1.1	36.9	1.5	120.6	2.7	217.2	3.4	253.7	4.2	254.8	4.1
欧洲	137.1	14.9	385.0	16.2	741.7	16.4	903.5	14.0	887.1	14.8	974.0	15.6
拉丁美洲	21.2	2.3	58.3	2.4	203.5	4.5	286.6	4.4	254.5	4.3	290.3	4.7
北美洲	247.1	26.9	600.6	25.2	894.6	19.7	1068.6	16.5	1060.2	17.7	1160	18.6
大洋洲及其他	12.4	1.4	31.5	1.3	67.3	1.5	97.9	1.5	103.6	1.7	110.7	1.8
进口总额	781.9	100.0	1898.3	100.0	3317.1	100.0	4305.0	100.0	3567.2	100.0	3838.1	100.0
亚洲	602.6	77.1	1542.6	81.3	2610.5	78.7	3249.2	75.5	2832.4	79.4	3037.1	79.1
非洲	7.6	1.0	19.0	1.0	61.5	1.9	276.1	6.4	107.8	1.8	113.0	2.9
欧洲	84.6	10.8	165.9	8.7	300.2	9.1	346.7	8.1	268.0	4.5	300.0	7.8
拉丁美洲	8.5	1.1	40.8	2.2	95.3	2.9	103.5	2.4	82.1	1.4	88.3	2.3
北美洲	60.3	7.7	101.2	5.3	170.0	5.1	246.5	5.7	211.1	3.5	215.9	5.6
大洋洲及其他	18.2	2.3	28.8	1.5	79.6	2.4	81.1	1.9	65.7	1.1	83.7	2.2

数据来源：历年《广东省统计年鉴》。

非洲国家贸易的重要地位，广东省在中非经贸往来中发挥着越来越重要的作用。

由表1-9可知，2000年以来广东省与非洲的贸易合作不断加强，广东省对非洲国家出口贸易额在中国对非洲国家出口贸易额中的比例呈现上升态势，由2000年的9.2%上升至2017年的26.9%；而从进口方面来看，占比更大，所占份额均在10%以上，2014年更是高达26.0%。相比于中国其他省区市，广东省与非洲国家间的贸易占据中国与非洲国家贸易的重要地位。从广东省与非洲具体国家的贸易情况来看，广东省地位更加明显。2016年广东省向南非和埃及的出口贸易额占中国向两国出口贸易额的比例分别为41.2%和10.6%，广东省从南非和埃及的进口贸易额占中国自两国进口贸易额的比例分别为23.3%和23.5%。

表1-9　广东省对非进出口额在中国对非进出口额中的占比

单位：%

类别	2000年	2005年	2010年	2014年	2015年	2016年	2017年
出口	9.2	9.3	9.5	9.8	14.9	17.0	26.9
进口	15.1	10.2	10.3	26.0	15.2	11.7	11.9

数据来源：《广东省统计年鉴》《中国统计年鉴》。

2. 投资项目扎实，投资合作基础雄厚。2015年，广东省对非洲投资项目28个，新增协议投资额5.1亿美元，实际投资7303万美元，同比分别增长317.1%和137.2%；2017年广东省对非洲投资项目29个，新增协议投资额3.7亿美元，实际投资6492万美元，同比分别增长14.0%和85.0%。2010年广东省对非洲直接投资净额占中国对非洲直接投资净额的8.0%，2016年广东省对非洲直接投资净额占中国对非洲直接投资净额的7.9%。

广泛的互补性，推动了合作意愿。当前中非合作正站在新的历史起点上，广东省作为中国改革开放先行省，不仅是中国重要的经济增长极，是中国与非洲经贸联系最密切、合作基础最扎实的省份之一，也是目前在华居留非洲人数最多的省份，是中国对非投资最重要的省份之一。非洲是"一带一路"的重要组成部分，2016年广东省政府特别设立了200亿元人民币的"丝路基金"，用于鼓励和支持广东省企业积极参加"一带一路"

沿线国家的建设发展。2016 年 10 月，第二届对非投资论坛在广州举行，论坛期间粤非双方达成新的合作共识，完善对非投资合作框架，签署了促进广东省企业对非投资战略合作备忘录，同时广东省一批企业与埃及、南非、埃塞俄比亚、乌干达、塞拉利昂、加纳、刚果（金）等 7 个非洲国家签约 9 个项目，协议金额为 25.58 亿美元。本着"优势互补、互惠共赢"的理念，广东省将务实推进与非洲各国的互利合作，重点落实广东省政府强调的六项工作，即加强产能合作，推动基础设施合作和互联互通，推进重点合作平台建设，提升贸易合作水平，扩大人文交流合作，完善多层次交流合作机制，努力推动和促进对非投资合作。同时，随着中国对非投资规模迅速增长，广东省企业"走出去"到非洲步伐加快，产业园区经验开始在非洲复制，广东省有条件的企业先后在尼日利亚和埃塞俄比亚投资建设产业园区，推动广东省企业"走出去"向深入发展。

第二章

粤非贸易往来40年

广东省地处中国大陆南端，毗邻港澳，有九个地市位于粤港澳大湾区范围内，是"一带一路"的重要交通枢纽和经贸合作中心，有千年海上贸易历史，长期以来与欧洲、非洲、东南亚国家和地区保持着良好的合作关系，具有不可替代的区位优势。改革开放后，广东省实施出口导向型经济战略，外向经济迅速发展。通过早期"前店后厂"模式，珠三角地区间接与世界各地开展贸易往来。基于两地天然的地理优势产生的紧密联系，广东省与非洲国家贸易往来出来已久。20世纪60年代初，广东省对非洲国家提供了多种形式的援助，为改革开放后粤非两地经贸往来、人文交流迈上新的台阶奠定了基础。

广州拥有"千年商都"的历史底蕴，拥有华南地区数量最多的非洲籍流动人口。1957年起，在广州创办的中国进出口商品交易会（简称"广交会"）每年吸引来自包括多个非洲国家和地区在内的世界各地商人。这些往返于粤非的非洲商人，通过铁路、海运和航运，在广东省和非洲各国之间架起一座文化、经贸交流的桥梁。港口川流不息的贸易商品，反映出粤非两地蓬勃的经济活力，以及非洲持续高速发展的广阔前景。粤非两地无论是官方还是民间企业之间，都保持着紧密合作，如2010年正式运营的尼日利亚广东经济贸易合作区（又称奥贡广东自由贸易区），由中肯企业合作建设的肯尼亚珠江经济特区。

2016年，由广东省人民政府、国家开发银行和世界银行共同主办的"第二届对非投资论坛"在广州开幕，为广东省提供了与国际组织加强合作的机会，促进与非洲国家和地区的经贸合作和人文交流。广东省拥有雄厚的经济基础、丰富的技术和资本，而非洲拥有丰富的自然资源和广阔的消费市场，广东省的工业制成品和非洲的初级产品对双方有较强的互补性，使得两地未来的经贸合作和共同发展充满想象。值此改革开放四十周年之际，回顾粤非贸易四十年的得与失，继往开来，把握好非洲经济发展的时代机遇，为新时代广东省经济再上新台阶添砖加瓦。

一 改革开放 40 年来广东省与非洲贸易往来总体情况

改革开放 40 年来，广东省与非洲贸易总体呈现不断上升的趋势，贸易总额占全国以及东南沿海地区比重较高。近年来，国际贸易形势复杂多变，国际贸易保护主义抬头，人民币汇率波动加剧，非洲国家政局动荡不安，对广东省与非洲贸易往来造成不利影响。自 2009 年始，中国稳居非洲第一大贸易伙伴国地位，而广东省居全国对非洲第一大贸易伙伴地位。2013 年，我国提出"一带一路"合作倡议，增进与"一带一路"沿线国家之间的政治、经贸和文化交流合作。2015 年，广东省发布参与建设"一带一路"的实施方案，在全国范围内率先完成与国家"一带一路"建设规划衔接。

总体而言，广东省与非洲进出口贸易经历先逆差后顺差的变化。2009年至 2018 年十年间，广东省对非洲进出口总额累计达到 4660 亿美元，东南部沿海地区累计达到 10167.5 亿美元，全国累计达到 17176 亿美元。其中，广东省进出口总额累计占全国进出口总额累计的比例为 27.13%，位列全国第一；广东省进出口总额累计占东南部沿海地区进出口总额累计的比例为 45.83%，位列东南部沿海地区第一；东南部沿海地区进出口总额累计占全国进出口总额累计的比例为 59.20%。无论是广东省，还是东南部沿海地区，甚至全国，都经历了由贸易逆差到贸易顺差的发展过程。2012 年和 2015 年是两个关键的转折年份。2012 年我国 GDP 增速为 7.9%，较 2011 年的 9.6% 下跌 1.7 个百分点，创下 2008 年金融危机以来最大的 GDP 增速跌幅；2015 年我国 GDP 增速为 6.9%，较 2014 年的 7.3% 下跌 0.4 个百分点。2012 年广东省对非洲贸易和全国对非洲贸易均创十年来最大贸易逆差，2015 年广东省和全国对非洲贸易从 2014 年贸易逆差转为大额贸易顺差。

出口总额和增速拐点出现在 2015 年。无论是从省、区域和全国对非洲出口总额，还是从广东省对非洲出口占省、区域和全国的比例来看，2015年是一个重要的转折年份，在 2015 年以前连年增长，2015 年达到峰值之后对非洲出口总额及增速开始下滑。

广东省对非洲进口近年来持续萎缩。2012 年至 2013 年、2014 年至 2015年，省、区域和全国对非洲进口总额增长速度都经历了大幅的下滑。2012～2013 年增速下滑对应进口总额见顶，2014～2015 年增速下滑则是对非洲进口总额进一步探底的过程。广东省对非洲进口增速，2015 年创十年最大跌幅，为 -40.28%；东南部沿海地区创十年最大跌幅，为 -37.76%；全国创十年最大跌幅，为 -39.19%。主要原因是原油进口量受非洲主要产油国政局不稳定而锐减。

下面，将使用中国地区贸易数据库的外贸数据，分别对广东省对非洲贸易进出口总额、出口总额和进口总额，广东省在东南沿海地区以及全国的贸易占比情况进行分析。

（一）广东省与非洲贸易总额

总体而言，2009～2018 年广东省对非洲进出口总额累计达到 4660 亿美元。广东省对非洲贸易进出口总额在 2014 年达到顶峰，超过 718 亿美元；2015 年出口总额达到峰值，接近 339 亿美元；2013 年进口总额最高，为 445.8 亿美元。"十二五"期间，广东省对非洲进出口总额累计为 3017亿美元。广东省对非洲贸易情况在 2012～2015 年发生了重大转折，进出口、出口和进口总额均发生不同程度的倒退。其中，进出口总额回落至2011 年以前的水平，出口总额回落至 2014 年以前的水平，进口总额回落至 2011 年以前的水平。进出口总额自 2015 年起连续三年负增长，出口总额 2016 年和 2017 年两年负增长，进口总额自 2014 年起连续四年负增长。"十二五"期间，广东省对非洲出口占广东省对外出口总额的比例持续上升，"十三五"期间转为持续下跌。

广东省对非洲贸易进出口总额自 2014 年以来不断下降，截至 2018 年，广东省对非洲贸易进出口总额占全省贸易总额回落至 2011 年以前的水平，对非洲出口总额回落至 2014 年以前的水平，对非洲进口总额占比跌幅最大，甚至回落至十年前的水平。由此可见，对非洲进出口总额占全省对外贸易进出口总额比例下降的原因，主要是进口占比下降幅度过大。

广东省对非洲进出口总额占广东省对外进出口总额的比重不高，2014年达到最高值5.78%之后持续下跌，截至2018年仅为3.2%。按进口和出口划分，广东省对非洲进口占广东省对外进口贸易比例下降幅度最大，自2012年的9.17%大幅下降至2018年的2.58%。出口占比自2015年达到顶峰4.64%之后一路单边下跌至2018年3.63%。

2009～2018年广东省对非洲进口、出口贸易总体情况如图2-1、图2-2所示。2009年广东省对非洲出口高于进口，为贸易顺差。然而，2010～2014年，广东省对非洲进口持续高于出口，连续五年维持贸易逆差。2012年进口和出口总额差值最大，贸易逆差达到242亿美元。广东省对非洲贸易从2014年贸易逆差94亿美元转为2015年96亿美元的贸易顺差，从逆差转化为顺差的变化幅度为190亿美元，此后维持四年贸易顺差。2017年达到十年最大贸易顺差，为141亿美元。总体进出口贸易总额近四年持续萎缩，同时进口总额持续下降，下跌幅度高于出口总额。

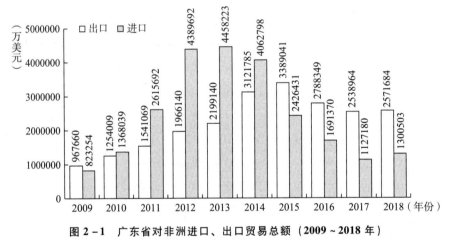

图 2-1　广东省对非洲进口、出口贸易总额（2009～2018 年）

1. 广东省对非洲贸易进出口总额

1978年广东省进出口贸易为15.9亿美元，占同期全国206.4亿美元的7.7%。2018年广东省进出口贸易为12117.5亿美元，是1978年的762倍多。图2-3数据显示，广东省对外贸易进出口总额自2009年已突破6300亿美元大关，2009～2018年呈现出较大波动，累计总额为96621亿美元。2013年进出口总额达到最高峰12817亿美元。同比增长率从2010年31.93%持续下滑到2016年的-9.06%，基本呈现单边下跌的态势，直到

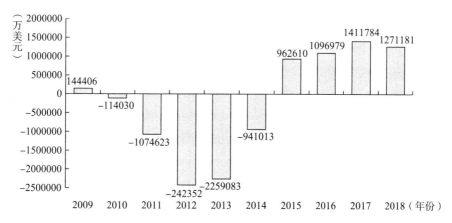

图 2 - 2　广东省对非洲贸易顺差和逆差情况（2009～2018 年）

2017 年才重新回到正增长的轨道。

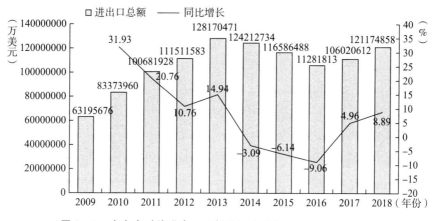

图 2 - 3　广东省对外进出口总额及同比增长（2009～2018 年）

根据图 2 - 4，2009～2018 年，广东省对非洲进出口总额累计达到 4660 亿美元。自 2009 年突破 179 亿美元，此后三年连续高增长，到 2014 年最高峰超过 718 亿美元。2014 年，广东省对非洲贸易规模是 2009 年的 4.01 倍、2010 年的 2.74 倍、2011 年的 1.73 倍。2014 年之后，广东省对非洲进出口总额持续下滑，同比增长率自 2012 年起出现断崖式下跌，从 2012 年的 52.9% 持续下跌至 2016 年的 -22.97%。"十二五"期间，广东省对非洲进出口总额累计为 3017 亿美元。2015 年起连续三年负增长，2017 年、2018 年广东省对非洲进出口总额甚至低于 2011 年的水平。

如图 2 - 5 所示，从结构上看，2009～2012 年，广东省对非洲进出口

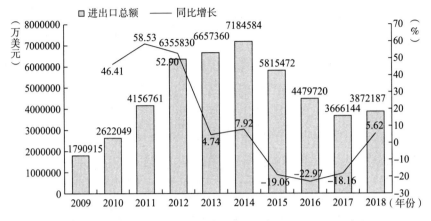

图 2-4　广东省对非洲进出口总额及增长（2009~2018 年）

贸易总额占广东省进出口贸易总额的比例总体呈上升态势，2013 年有所回落，2014 年回升达到最高值 5.78%；经历高峰之后呈现单边下跌态势，至 2018 年已回落至 2011 年以前的水平。反映出广东省对非洲贸易规模持续萎缩，占广东省对外贸易的份额持续下降。

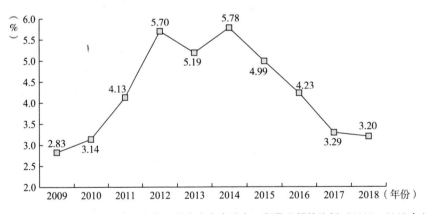

图 2-5　广东省对非洲进出口贸易总额占广东省进出口贸易总额的比例（2009~2018 年）

2. 广东省对非洲贸易出口总额

图 2-6 反映了广东省对外出口总额及增长情况。广东省对外贸易出口总额在 2014 年达到历史最高值 7454.7 亿美元，最近三年逐渐上升，2018 年出口总额接近 2013 年水平。但是同比增长率自 2010 年起逐年下跌，2016 年跌至最低点，为 -10.48%，2017 年，同比增长率回升，扭转跌势。

据图 2-7，广东省对非洲贸易出口总额在 2015 年达到最高，为 338.9

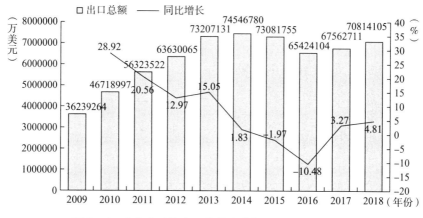

图 2-6 广东省对外出口总额及增长（2009～2018 年）

亿美元，同比增长率波动较大，2015 年同比增长率断崖式下跌，2016 年跌幅进一步扩大至负增长，为 -17.72%，一直到 2018 年才扭转局面，重回微弱正增长，为 1.29%。可见，广东省对非洲出口情况并不乐观。

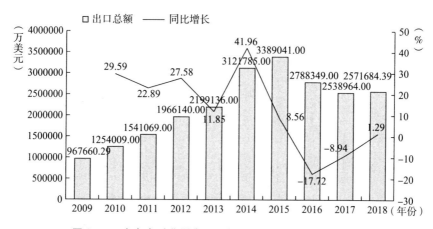

图 2-7 广东省对非洲出口总额及增长（2009～2018 年）

从图 2-8 可知，广东省对非洲贸易出口总额占全省贸易出口总额的比例不高，自 2012 年以来维持在 3% 及以上，于 2015 年达到最大值 4.64%，此后持续下跌至 2018 年的 3.63%。"十二五"期间广东省对非洲贸易出口总额占比持续上升。进入"十三五"之后出口总额占比开始下跌。

3. 广东省对非洲贸易进口总额

据图 2-9，广东省对外贸易进口总额在 2013 年达到最高值 5496 亿美元之后，未能突破 5500 亿美元大关，开始连续三年下跌，自 2017 年起重

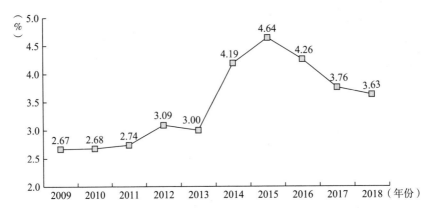

图 2 - 8　广东省对非洲贸易出口总额占广东省对外出口总额的比例（2009～2018 年）

回正增长。同比增长率从 2010 年至 2015 年，基本呈下跌态势。2014 年至 2016 年连续三年负增长，2015 年达到近十年最低同比增长率，为 - 12.41%。

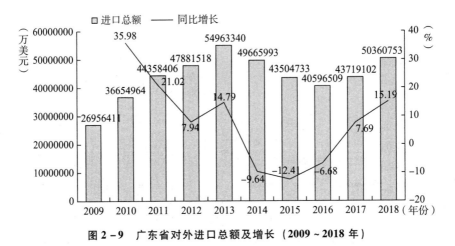

图 2 - 9　广东省对外进口总额及增长（2009～2018 年）

由图 2 - 10 可知，广东省对非洲进口贸易总额在 2013 年达到最高峰 445.8 亿美元，此后连续下跌，2018 年仅为 130 亿美元，倒退到 2010 年以前水平。同比增长率从 2012 年的 67.82% 大跌至 2013 年的 1.56%，2014 年开始负增长，2015 年进一步恶化至 - 40.28%，经历了连续四年的负增长后，2018 年重回正增长，为 15.38%。

据图 2 - 11，广东省对非洲进口总额占全省对外进口总额的比例，于 2012 年达到顶峰的 9.17%，随后下跌至 2018 年的 2.58%，其中 2017 年与 2018 年两年维持较低的比重，仅为 2.58%，回落到十年前的水平。

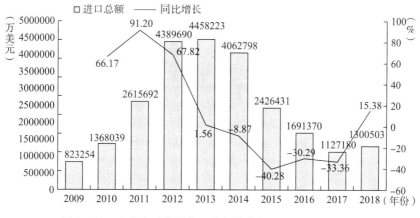

图 2 - 10　广东省对非洲进口总额及增长（**2009 ~ 2018 年**）

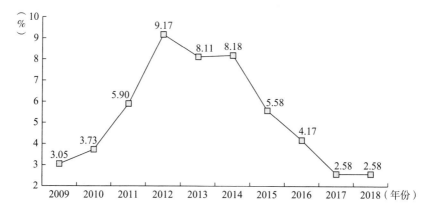

图 2 - 11　广东省对非洲进口总额占广东省对外进口总额的比例（**2009 ~ 2018 年**）

（二）广东省与东南部沿海地区非洲贸易总额对比

本节所指东南部沿海地区包括广东省、上海市、浙江省、江苏省和福建省五地。2009 年至 2018 年，东南部沿海地区对非洲进出口总额累计为 10167.5 亿美元。广东省对非洲贸易占东南部沿海地区对非洲贸易总额的比重较高，具有重要地位，截至 2018 年，进出口、进口和出口总额占比均在 30% 以上，其中进口总额占比超过 40%，广东省是东南部沿海地区对非洲主要进口大省。广东省对非洲贸易情况，与东南部沿海地区对非洲贸易整体情况变化基本一致，进出口总额、出口总额和进口总额基本于同一时间段见顶回落，如进出口总额顶峰时间为 2014 年，出口总额顶峰时间为 2015 年，进口总额顶峰时间为 2013 年。自非洲进口方面，东南部沿海地区自 2013 年转变为负增长，此后连续 5 年负增长；向非洲出口方面，2015 年对非洲出口总额创历史新高，随后两年负增长，2018 年重回正增长。

综合图 2 - 12、图 2 - 13，从进口总额和出口总额来看，2009 年和 2010 年，东南部沿海地区对非洲出口总额高于进口总额，维持短暂的贸易顺差；2011 年至 2013 年连续三年对非洲进口总额高于出口总额，维持贸易逆差，2012 年逆差最大达到 94.8 亿美元。从 2014 年开始恢复为贸易顺差。2015 年相比 2014 年，贸易顺差额大幅增长 271.8 亿美元，此后四年每年维持超过 350 亿美元的贸易顺差。2018 年顺差达到十年来最大值 401 亿美元。

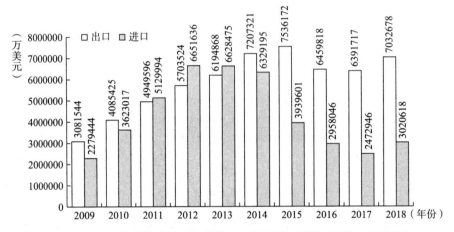

图 2 - 12　东南部沿海地区对非洲进口、出口贸易总额（2009 ~ 2018 年）

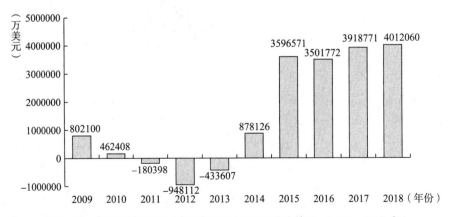

图 2 - 13　东南部沿海地区对非洲贸易顺差和逆差情况（2009 ~ 2018 年）

1. 与东南部沿海地区对非洲进出口总额对比

由图2-14可知，东南部沿海地区2014年对非洲进出口总额达到峰值1354亿美元，超过2009年和2010年的总和，与广东省对非洲进出口总额到达峰值时间一致。2014年之后，东南部沿海地区对非洲进出口总额连续三年下降，直到2018年才恢复至2011年的水平。同比增长率方面，2010年同比增长率最高，达到43.79%，随后下跌，2015年转为负增长，2016年达到最低，为-17.93%。无论是进出口总额还是同比增长率的变化，东南部沿海地区对非洲贸易情况与广东省相比，基本呈现出一致变化。

图2-14　东南部沿海地区对非洲进出口总额及增长（2009～2018年）

从图2-15可见，广东省对非洲贸易进出口总额占东南部沿海地区的比例，自2009年起持续上升，于2014年达到峰值53.08%，随后开始下跌至2018年38.52%，倒退到2011年以前的水平。2011～2017年，广东省对非洲贸易进出口总额一直保持在40%以上的份额。

2. 与东南部沿海地区对非洲出口总额对比

据图2-16，东南部沿海地区对非洲出口总额在2015年达到最大值753.6亿美元，超过2009年和2010年的总和，到了2016年转变为负增长，与广东省对非洲出口总额的变化趋势较为一致。不同的是，东南部沿海地区在2018年对非洲出口总额回到2014年的水平，而广东省仅回升至2013年的水平。同比增长率方面，东南部沿海地区对非洲出口总额自2010年以来呈下跌趋势，至2016年达到谷底，仅为-14.28%，2018年重回正增长。2015年同比增长率与2014年相比下降11.78个百分点，而广东省则

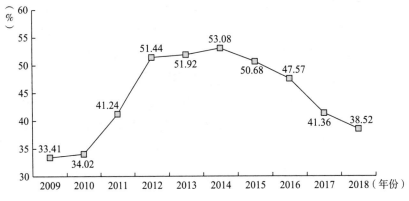

图 2－15　广东省对非洲进出口总额占东南部沿海地区比例

下降 33.4 个百分点。相同的，广东省随着东南部沿海地区整体由 2015 年的正增长转入 2016 年的负增长。

图 2－16　东南部沿海地区对非洲出口总额及增长（2009～2018 年）

如图 2－17 所示，广东省对非洲出口总额占东南部沿海地区的比例，从 2010 年底部 30.69% 一路上升至 2015 年高峰的 44.97%，连续三年比重保持在 40% 以上，见顶之后一直回落至 2018 年 36.57%，略高于 2013 年的水平。广东省对非洲进出口总额占比于 2014 年见顶，而出口总额占比延后一年，于 2015 年见顶。

3. 与东南部沿海地区自非洲进口总额对比

据图 2－18，东南部沿海地区自非洲进口总额于 2012 年见顶，为 665 亿美元，2013 年基本与 2012 年持平，随后一路下跌至 2017 年，于 2018 年

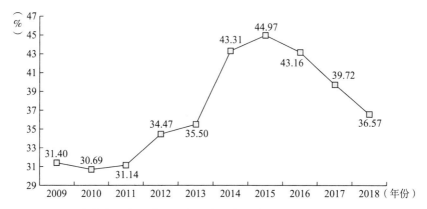

图 2 - 17　广东省对非洲出口总额占东南部沿海地区比例 （2009 ~ 2018 年）

回升至 2016 年的水平。同比增长率方面，从 2010 年最高的 58.94% 一直下跌，2013 年转变为负增长，开始连续五年负增长，最大跌幅为 - 37.76%。与广东省的情况相比，东南部沿海地区自非洲进口总额于 2018 年大幅增长了 22.15%，高于广东省 15.38% 的同比增长率。

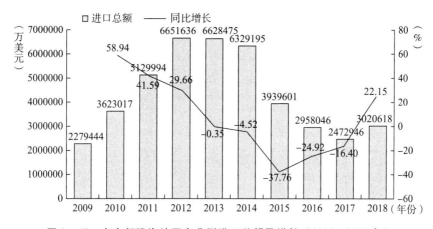

图 2 - 18　东南部沿海地区自非洲进口总额及增长 （2009 ~ 2018 年）

　　由图 2 - 19 可知，广东省是东南部沿海地区自非洲进口大省。广东省自非洲进口额占东南部沿海地区自非洲进口总额的比例自 2012 年起连续四年超过 60%，峰值为 2013 年的 67.26%，随后下跌至 2018 年的 43.05%，占比超过 40%，仍属于较高的比例，但是回落到 2011 年以前的水平。

（三）广东省对非洲贸易总额占全国比例

　　2009 ~ 2018 年，全国对非洲进出口总额累计为 17176 亿美元。全国对

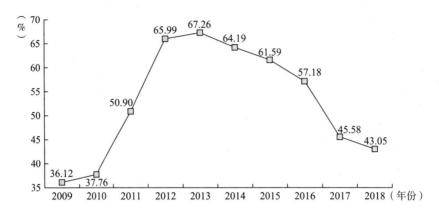

图 2 - 19 广东省自非洲进口额占东南部沿海地区自非洲进口总额比例（2009～2018 年）

非洲进出口总额见顶时间为 2014 年。广东省对非洲进出口总额占全国的份额，经历了过山车式的先上升后下降并回落到十年前水平的过程。相比 2016 年，2017 年占比下滑 8.52 个百分点至 21.52%。相较于广东省在东南部沿海地区与非洲贸易中占比的变化，从全国来看，广东省占全国与非洲贸易的比例下降更为严重。全国对非洲贸易情况，2015 年是一个关键转折之年，在这一年全国对非洲进出口贸易从上一年的逆差转为大幅顺差，进口增速大幅下跌，出口总额达到历史新高。

综合图 2 - 20、图 2 - 21 可见，全国对非洲进口和出口总额差值在 2009 年表现为顺差，贸易顺差为 44 亿美元，随后连续五年维持贸易逆差，在 2012 年贸易逆差达到最大值 278.8 亿美元。2015 年是一个转折年，从 2014 年近 96.6 亿美元的贸易逆差扭转为贸易顺差，并达到十年最大顺差额 382.7 亿美元，自逆差转为顺差的变化幅度达到 479 亿美元多。近四年维持对非洲贸易顺差，但顺差总额持续下跌，2018 年顺差额仅为 53.5 亿美元，接近 2009 年的水平，趋向于贸易平衡。

1. 广东省对非洲进出口总额与全国对比

据图 2 - 22，全国对非洲进出口总额自 2009 年一直呈上升态势，于 2014 年达到顶峰，达到 2219.6 亿美元，相当于 2009 年和 2010 年总和，分别为 2009 年的 2.4 倍和 2010 年的 1.7 倍。2016 年全国对非洲进出口总额回落至 2011 年以前的水平。2018 年恢复至 2012 年的水平。从同比增长率来看，2010 年以来全国对非洲进出口总额的同比增长率一路下滑，2015 年增速呈断崖式下跌，从 2014 年的 5.59% 下跌为 2015 年的 - 19.30%，为十

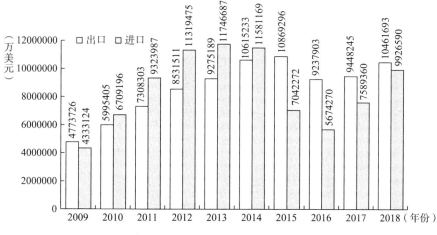

图 2 - 20　全国对非洲进口、出口总额（2009～2018 年）

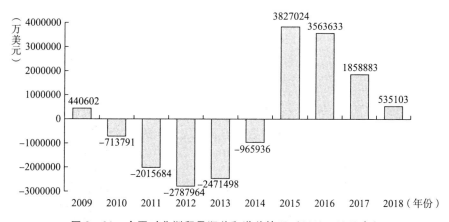

图 2 - 21　全国对非洲贸易顺差和逆差情况（2009～2018 年）

年间最低增速。全国对非洲进出口总额另一个转折点是 2017 年，增速重回正增长，2018 年增速回升至 19.67%。2015 年，国务院总理李克强考察非洲时提出打造"中非全面合作升级版"，2020 年中非贸易规模有望提高至 4000 亿美元。① 要实现这一目标，2019 年和 2020 年中非贸易规模需要每年达到 40% 左右的增长，即 2019 年达到约 2584 亿美元，2020 年达到约 3996 亿美元。

① 《打造中非全面合作升级版》，http://www.xinhuanet.com/world/2014 - 05/06/c - 126465 140 - 2. htm。

图 2－22　全国对非洲进出口总额及增长（2009～2018 年）

如图 2－23 所示，2012～2016 年，广东省对非洲进出口总额在全国对非洲进出口总额中的占比一直保持在 30% 以上，于 2015 年达到最大值32.47%。在 2015 年见顶回落之前，广东省占比一直处于总体上升的趋势。2017 年占比较上年大幅下滑了 8.52 个百分点，2018 年进一步下滑至18.99%，低于 2009 年以前的水平。相比较而言，按区域来看，广东省对非洲进出口总额占东南部沿海地区对非洲进出口总额的比例在 2018 年回落至 2011 年以前的水平，广东省占全国的这一比例恶化更为严重。

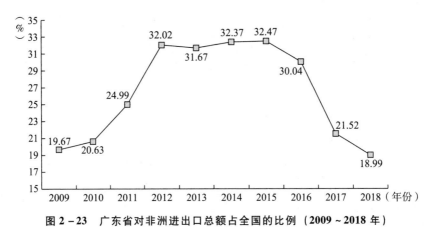

图 2－23　广东省对非洲进出口总额占全国的比例（2009～2018 年）

2. 广东省对非洲出口总额与全国对比

据图 2－24，全国对非洲出口总额自 2009 年一路增长，于 2015 年达到峰值 1086.9 亿美元，相当于 2009 年和 2010 年总和。经历了 2016 年下跌之后，于 2017 年企稳，2018 年恢复至接近 2014 年的水平，达到 1046 亿美元。按增长率来看，2016 年相比 2015 年下跌 15.01%，也是十年来唯一负增长年份。2017 年相比 2016 年上升 2.28%，至 2018 年恢复两位数增长。

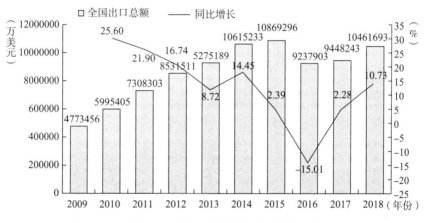

图 2-24 全国对非洲出口总额及增长（2009~2018 年）

据图 2-25，自 2009 年，广东省对非洲出口总额占全国比例一路上升，最高点为 2015 年 31.18%，随后见顶回落至 2018 年 24.58%。无论是对非洲出口总额还是广东省所占的相应比例，都是在 2015 年达到最高值之后回落。

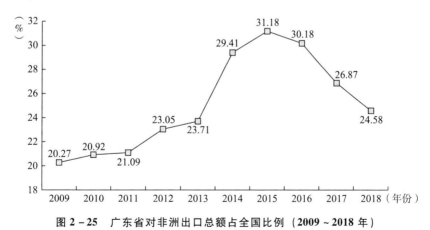

图 2-25 广东省对非洲出口总额占全国比例（2009~2018 年）

3. 广东省自非洲进口额与全国对比

图 2-26 显示，全国自非洲进口总额于 2013 年达到峰值，为 1174.7

亿美元，广东省自非洲进口额也是在 2013 年达到峰值 445.8 亿美元。经历峰值之后，2016 年全国自非洲进口总额低于 2010 年的水平，仅为 567 亿美元，广东省则是在 2017 年回落至 2010 年以前的水平，仅为 112.7 亿美元。经历 2016 年的低谷之后，全国自非洲进口总额逐年上升，于 2017 年扭转跌势，2018 年为 992.7 亿美元，恢复到 2011 年的水平。而广东省自非洲进口额 2018 年为 130 亿美元，仅恢复至接近 2010 年的水平。

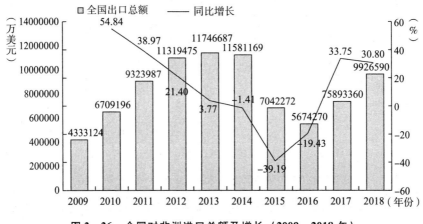

图 2-26　全国对非洲进口总额及增长（2009~2018 年）

从同比增长率来看，全国自非洲进口总额于 2010 年增长 54.84%，2011 年至 2013 年增速连续每年下降 15 个百分点以上，2014 年至 2016 年连续三年负增长。其中，2012 年至 2013 年，增速下滑了 17.63 个百分点，2014 年至 2015 年增速下滑最大，为 37.78 个百分点。2012 年至 2013 年，广东省自非洲进口总额增速下跌 66.26%，2014 年至 2015 年增速下跌 31.41%。东南部沿海地区对非洲进口总额，2012 年至 2013 年增速下滑 30.01%，2014 年至 2015 年增速下滑 33.24%。

据图 2-27，广东省自非洲进口总额占全国比例在 2012 年达到峰值 38.75%，随后一直呈下跌的走势，2017 年跌回十年前的水平，2018 年创下 10 年新低，仅占 13.10%。与广东省自非洲进口额占东南部沿海地区的比例相比较，提前一年见顶，广东省占东南沿海地区的比例在 2013 年见顶。

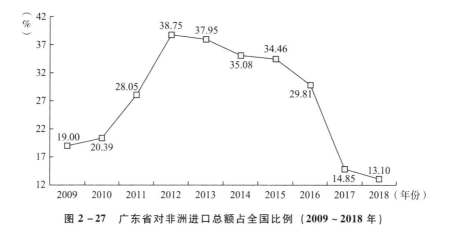

图 2 - 27　广东省对非洲进口总额占全国比例（2009～2018 年）

二　广东省与非洲贸易结构分析

非洲拥有广阔的土地、年轻的劳动力以及丰富的自然资源，对于土地资源日益紧张、人口红利经历了拐点、自然资源需求强劲的广东省而言，可以形成优势互补。双方有着非常广阔的合作前景。具体来看，广东省和非洲在工业、贸易、市场和资源方面存在高度互补性。当下，经济高速发展的非洲国家对纺织轻工、家电、电子需求量巨大。改革开放以来，广东省家电、纺织服装和电子等产业在国内外市场上逐步形成强大的竞争力，这些工业制成品可以满足非洲广阔的市场需求。

（一）广东省对非洲不同地区贸易情况

本节数据来源为中国地区贸易数据库。

贸易规模方面，2009～2018 年，广东省对所有非洲国家和地区贸易总额为 4660 亿美元。这十年间，与广东省进出口贸易规模累计总额排名前十的非洲国家分别是南非（2022.6 亿美元）、尼日利亚（410.5 亿美元）、安哥拉（407.5 亿美元）、埃及（226.5 亿美元）、加纳（114.8 亿美元）、阿尔及利亚（132.3 亿美元）、肯尼亚（118.8 亿美元）、坦桑尼亚（92 亿美元）、利比亚（89 亿美元）、埃塞俄比亚（56 亿美元）。刚果（金）和刚果（布）分别位列第 11 和第 12，分别为 48.3 亿美元和 22.7 亿美元。广东省与这 12 个非洲国家累计贸易规模高达 3741 亿美元，占广东省对所有非洲国家和地区贸易总额的 80.3%。

作为对比，从全国数据来看，2009~2018 年中国与非洲各国进出口贸易累计总额排名前十位的非洲国家分别是南非（4365.8 亿美元）、安哥拉（2665.6 美元）、尼日利亚（1218.4 亿美元）、埃及（1015.1 亿美元）、阿尔及利亚（740.4 亿美元）、加纳（498.3 亿美元）、刚果（布）（472.3 亿美元）、利比亚（440.6 亿美元）、刚果（金）（395.3 亿美元）、肯尼亚（389.6 亿美元）。坦桑尼亚（313.9 亿美元）、埃塞俄比亚（249.2 亿美元）分别位列第 11 和第 12。广东省对这 12 个非洲国家十年累计贸易总额约占全国对这 12 个非洲国家贸易总额的 29.3%。

2009~2018 年，广东省与这 12 个非洲国家贸易规模累计总额占全国比例超过 20% 的有南非（46.33%）、肯尼亚（30.49%）、尼日利亚（33.69%）、坦桑尼亚（29.32%）、加纳（29.05%）、埃塞俄比亚（22.52%）、埃及（22.31%）以及利比亚（20.24%）共 8 个国家。

出口方面，2009~2018 年，广东省对非洲这 12 个国家出口累计总额为 1563.4 亿美元，占广东省对全部非洲国家及地区出口累计总额的 70%。其中，广东省对南非（351.9 亿美元）和尼日利亚（348.9 亿美元）出口规模排第一和第二位，对埃及（200.8 亿美元）出口规模排第三位，其余依次为加纳（120 亿美元）、肯尼亚（116.7 亿美元）、阿尔及利亚（115.7 亿美元）、安哥拉（89.9 亿美元）、坦桑尼亚（87.7 亿美元）、埃塞俄比亚（53.8 亿美元）、利比亚（42.2 亿美元）、刚果（金）（20.7 亿美元）以及刚果（布）（15.1 亿美元）。

进口方面，广东省与非洲这 12 个国家贸易占比较大的是进口贸易，占进出口贸易累计总额的 58.5%。2017 年和 2018 年，广东省与西非的加纳、南部非洲的安哥拉、北非的阿尔及利亚和利比亚、中部非洲的刚果（布）进口贸易均出现大幅下跌的情况。其中，广东省对加纳进口贸易经历 2014 年至 2016 年的大幅增长之后，出现大幅下跌；与中部非洲的刚果（金）进口贸易则大幅上升。

2009~2018 年，广东省对非洲这 12 个国家进口累计总额为 2206.7 亿美元，占广东省对全部非洲国家及地区进口累计总额的 91%，其中南非（1670.7 亿美元）在广东省对非洲这 12 个国家进口规模中排名第一，安哥拉（317.6 亿美元）位列第二，尼日利亚（61.6 亿美元）第三，其余依次为利比亚（47 亿美元）、刚果（金）（27.6 亿美元）、埃及（25.6 亿美元）、加纳（25 亿美元）、阿尔及利亚（16.6 亿美元）、刚果（布）（7.5 亿美元）、坦桑尼亚（3.3 亿美元）、埃塞俄比亚（2.3 亿美元）以及肯尼亚（2 亿美元）。

其中，广东省对东非肯尼亚、坦桑尼亚和埃塞俄比亚，对西非尼日利亚和加纳，对北非埃及和阿尔及利亚，是大幅顺差；对中部非洲刚果（布）是小幅顺差；对南部非洲的南非和安哥拉是大幅逆差，对北非利比亚和中非刚果（金）是小幅逆差（见表 2 - 1）。

表 2 - 1　2018 年广东省、全国与非洲各国贸易数据

单位：万美元

非洲国家	2018 年进出口总额	同比增长	2018 年贸易顺差	广东省十年累计贸易总额	广东省十年累计贸易顺差	全国十年累计贸易总额	全国十年累计贸易顺差	广东省累计总额占全国比重
东非								
肯尼亚	144111	- 8.65%	138525	1187837	1146869	3895871	3726348	30.49%
坦桑尼亚	105260	- 2.45%	99994	920122	844512	3138575	2360647	29.32%
埃塞俄比亚	76617	21.55%	70135	561150	515091	2491843	1812146	22.52%
小计	325988	—	308654	2669109	2506472	9526289	7899141	28.02%
西非								
尼日利亚	452101	- 9.23%	354001	4104932	2873880	12183807	9252731	33.69%
加纳	138992	- 11.09%	128955	1447609	948278	4982888	2830494	29.05%
小计	591093	—	482956	5552541	3822158	17166695	12083225	32.34%
南部非洲								
南非	1364469	11.22%	- 607677	20225801	- 13188320	43657812	- 15823554	46.33%
安哥拉	71833	- 12.16%	55374	4074779	- 2276225	26656356	- 20442724	15.29%
小计	1436302	—	- 552303	24300580	- 15464545	70314168	- 36266278	34.56%
北非								
埃及	273259	17.66%	259971	2264752	1751930	10151130	1751930	22.31%
阿尔及利亚	145134	- 1.91%	142908	1322581	991212	7403918	7717488	17.86%
利比亚	46829	103.32%	37590	891520	- 47811	4405546	- 868807	20.24%
小计	465222	—	440469	4478853	2695330	21960594	8600611	20.39%
中部非洲								
刚果（布）	17279	- 20.15%	15640	226500	75930	4722994	- 3479787	4.80%
刚果（金）	122025	84.15%	- 64896	482604	- 68446	3952996	- 1960917	12.21%
小计	139304	—	- 49256	709104	7485	8675990	- 5440704	8.17%
合计	2957909		630520	37710187	- 6433100.212	127643736	- 13124005.48	29.54%

1. 广东省与东非国家贸易情况

由图 2-28 可知，东非经济实力前三的国家——肯尼亚、坦桑尼亚和埃塞俄比亚与广东省贸易规模不一，规模最大的是肯尼亚，其次是坦桑尼亚和埃塞俄比亚。2009~2018 年，东非三国与广东省贸易总额累计达到266.9 亿美元，约占广东省对非洲贸易累计总额的 5.73%，累计贸易顺差为 250.6 亿美元，约占全国对东非三国贸易累计总额的 28%。其中，广东省与肯尼亚贸易总额累计达到 118.8 亿美元，与坦桑尼亚累计达到 92 亿美元，与埃塞俄比亚累计达到约 56 亿美元。2015 年以前，广东省与东非三国贸易规模逐年上升。2015 年，肯尼亚与广东省贸易规模达到历史最大值的 24 亿美元，坦桑尼亚为 19 亿美元，埃塞俄比亚为 12 亿美元，随后贸易规模连续三年下降。

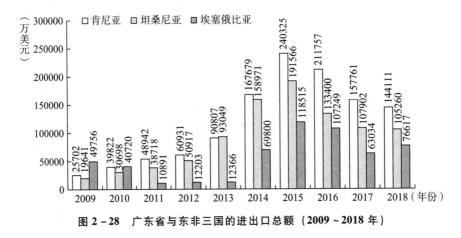

图 2-28　广东省与东非三国的进出口总额（2009~2018 年）

据图 2-29，从出口总体来看，广东省与东非三国贸易大部分是广东省对肯尼亚、坦桑尼亚和埃塞俄比亚的出口，肯尼亚是广东省对东非三国出口额最高的国家。2009 年开始广东省对东非三国的出口额逐年上升，并于 2015 年见顶，随后逐年下跌。2015 年，广东省对肯尼亚出口创下 23.8 亿美元的高值，广东省对坦桑尼亚出口额达到 18.8 亿美元，对埃塞俄比亚达到 11.5 亿美元。

据图 2-30，从进口总体来看，与出口额相比，进口额明显过低，而且广东省自东非三国进口额见顶时间不尽相同。坦桑尼亚是广东省在东非进口额最高的国家，广东省对坦桑尼亚进口额在 2013 年见顶，且该年进口数据异于常年。广东省对肯尼亚进口在 2018 年达到最大值 2793 万美元。

广东省对埃塞俄比亚进口额于 2016 年见顶，为 4037 万美元。

图 2 - 29　广东省对东非三国的出口额（2009～2018 年）

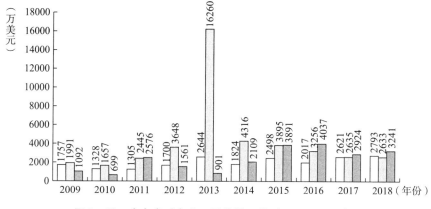

图 2 - 30　广东省对东非三国的进口额（2009～2018 年）

　　据图 2 - 31，2009～2018 年肯尼亚、坦桑尼亚和埃塞俄比亚与广东省贸易常年保持逆差，2011～2018 年，肯尼亚对广东省贸易逆差最大。2015年广东省对肯尼亚贸易顺差达到最大值 23.5 亿美元，广东省对坦桑尼亚贸易顺差创历史新高，达到 18.4 亿美元，广东省对埃塞俄比亚贸易顺差也达到历史新高的 11.1 亿美元。2015 年之后，随着广东省与东非三国贸易规模逐年下跌，广东省对东非三国贸易顺差也在逐步下跌，贸易失衡有所改善。2009 年至 2018 年，广东省对肯尼亚贸易顺差额累计为 114.7 亿美元，对坦桑尼亚贸易顺差额累计为 84.5 亿美元，对埃塞俄比亚贸易顺差额累计为 51.5 亿美元。

图 2 - 31　广东省对东非三国的贸易顺差额（2009 ~ 2018 年）

2. 广东省与西非贸易情况

由图 2 - 32 可见，尼日利亚已成为非洲 GDP 规模最大的国家，与南非相比，广东省与尼日利亚贸易规模仍有非常大的增长空间。2009 ~ 2018 年，广东省对尼日利亚贸易规模累计为 410.5 亿美元，对加纳累计为 114.8 亿美元，两者合计约占广东省对非洲贸易累计规模的 11.9%，累计贸易顺差 382.2 亿美元。其中，对尼日利亚贸易规模于 2014 年达到 68 亿美元的历史最大值，对加纳于 2015 年达到 28 亿美元的最大值。广东省对尼日利亚贸易规模到了 2018 年仍然维持在 45 亿美元以上。广东省对加纳的贸易规模在 2015 年见顶之后逐年回落，到 2018 年仅有 13.9 亿美元。

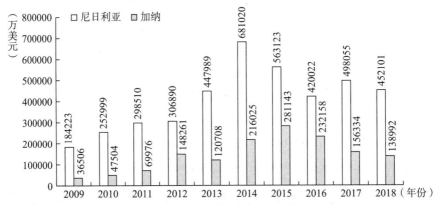

图 2 - 32　广东省与西非两国的进出口贸易额（2009 ~ 2018 年）

据图 2－33，广东省对尼日利亚出口占广东省与其进出口贸易规模的
60% 以上，最高达到 90%，2014 年达到最大值 60.6 亿美元，2018 年为
40.3 亿美元，比 2009 年增长了约 2.3 倍。广东省对加纳出口 2015 年达到
最大值 21.1 亿美元。

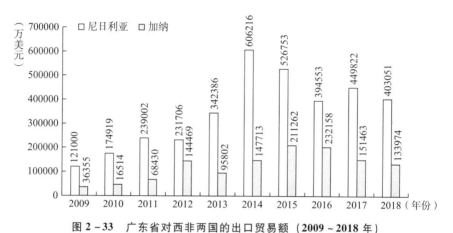

图 2－33　广东省对西非两国的出口贸易额（2009～2018 年）

据图 2－34，广东省对尼日利亚进口在 2014 年以前规模较大，接近 6
亿美元或在 6 亿美元以上的规模，于 2013 年达到最大值 10.6 亿美元，随
后逐年下跌。广东省对加纳进口在 2009 年至 2012 年期间均不足 1 亿美元，
2014 年至 2016 年达到历史峰值水平，维持在 6.8 亿美元以上，2016 年创
历史新高，为 7 亿美元。2017 年和 2018 年又大幅回落至 1 亿美元以下。

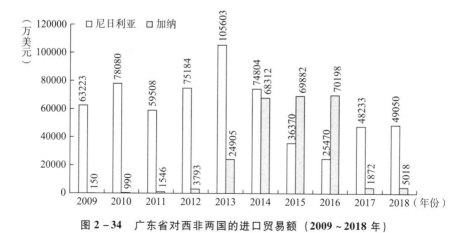

图 2－34　广东省对西非两国的进口贸易额（2009～2018 年）

由图 2－35 可知，广东省对尼日利亚和加纳常年维持贸易顺差，对尼

日利亚贸易顺差的幅度远大于对加纳的贸易顺差幅度。2014 年，对尼日利亚贸易顺差达到历史最大值 53 亿美元，随后逐年下跌；2012 年，对加纳贸易顺差达到 14 亿美元的最大值。2009 年至 2018 年，广东省对尼日利亚贸易顺差额累计为 287.4 亿美元，对加纳顺差额累计为 94.8 亿美元。

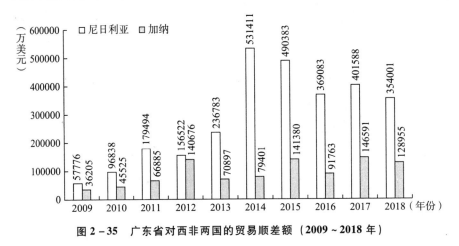

图 2 - 35　广东省对西非两国的贸易顺差额（2009 ~ 2018 年）

3. 广东省与南部非洲国家贸易情况

据图 2 - 36，南部非洲是非洲经济最发达的地区，矿产资源丰富，钻石、金、铂、铬、锰、钒、锂、铀、石棉、铜的开采和输出居世界重要地位。广东省与南非和安哥拉的贸易规模远大于与非洲其他地区。2009 年至 2018 年，广东省与南非贸易规模累计为 2022.6 亿美元，与安哥拉贸易规模累计为 407.5 亿美元，总计 2430.1 亿美元，约占广东省与非洲贸易累计

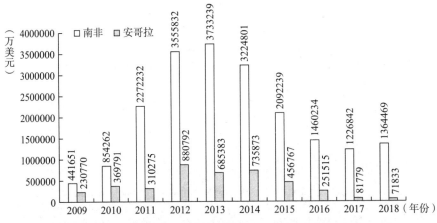

图 2 - 36　广东省与南部非洲两国的进出口贸易总额（2009 ~ 2018 年）

总额的 52.1%，占全国与南部非洲两国贸易累计总额的 34.6%。南部非洲是广东省对非洲贸易逆差最大地区，南非是广东省对非洲所有国家贸易中逆差最大的国家，十年累计贸易逆差为 1546.5 亿美元。2013 年，广东省与南非贸易总额达到 373.3 亿美元的历史新高，2012 年与安哥拉贸易总额达到最大值，为 88 亿美元。

图 2 - 37 显示，广东省对南非出口额较大，2013 年达到最大值，为 45.6 亿美元，2018 年与 2015 年规模基本持平，为 37.8 亿美元。广东省对安哥拉出口额 2014 年达到最大值，为 25 亿美元，随后逐年下跌，2018 年约为 6.4 亿美元。

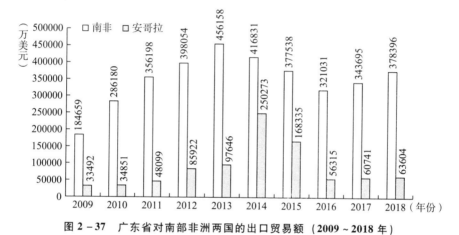

图 2 - 37　广东省对南部非洲两国的出口贸易额（2009 ~ 2018 年）

据图 2 - 38，广东省对南非进口在 2013 年达到最大值 327.7 亿美元，

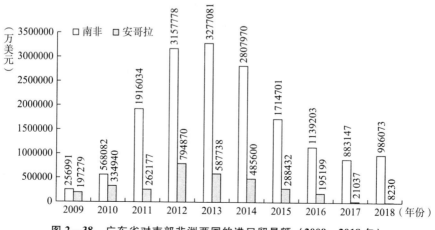

图 2 - 38　广东省对南部非洲两国的进口贸易额（2009 ~ 2018 年）

对安哥拉进口在 2012 年达到最大值 79.5 亿美元。广东省对两国进口贸易规模见顶之后逐年下降。2018 年，广东省对南非进口额回落至 98.6 亿美元，不足 100 亿美元，对安哥拉进口额断崖式下跌至 0.8 亿美元，不足 1 亿美元。主要原因是当年广东省停止从安哥拉进口原油。

从图 2－39 可见，广东省对南部非洲两国常年维持贸易逆差，其中，对南非的贸易逆差巨大，远高于对安哥拉的贸易逆差幅度。广东省对南非贸易逆差在 2013 年达到最大值，为 282.1 亿美元，2012 年逆差比 2011 年大幅增长接近 80%，2012 年至 2014 年连续三年逆差超过 230 亿美元，广东省对南非贸易逆差额有 60% 是这三年形成的。2009 年至 2018 年，广东省对南非贸易逆差额累计为 1318.8 亿美元。广东省对安哥拉贸易逆差额在 2012 年达到最大，为 70.9 亿美元，随后下降，贸易趋于平衡。2009 年至 2018 年，广东省对安哥拉贸易逆差额累计为 227.6 亿美元。

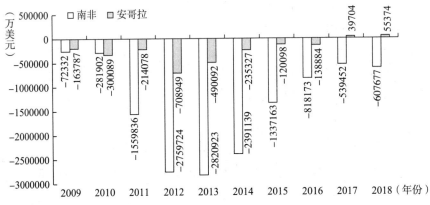

图 2－39　广东省对南部非洲两国的贸易顺差额（2009～2018 年）

4. 广东省与北非国家贸易情况

从图 2－40 可知，北非三国中，广东省与埃及贸易规模最大，近年来超过阿尔及利亚和利比亚之和。2009 年至 2018 年，广东省对埃及贸易总额累计达到 226 亿美元，对阿尔及利亚贸易总额累计达到 132 亿美元，对利比亚贸易总额累计达到 89 亿美元，三者合计约占广东省对非洲全部进出口贸易总额的 9.6%，十年贸易顺差累计为 269.5 亿美元。2015 年，广东省与埃及和阿尔及利亚的贸易规模达到历史最高，分别为 31.7 亿美元和 21.4 亿美元。2016 年，广东省对利比亚贸易规模相较 2015 年大幅下跌，

2018 年下降至不到 5 亿美元。

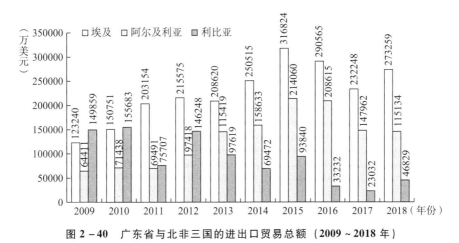

图 2 - 40　广东省与北非三国的进出口贸易总额（2009～2018 年）

据图 2 - 41，广东省对埃及出口额占对埃及进出口贸易规模的比例常年维持在 70% 以上，最高时达到 90%。2015 年对埃及出口额达到最高的 29.4 亿美元。广东省对阿尔及利亚出口在 2016 年达到最大值 18.8 亿美元。广东省对利比亚出口在 2013 年达到最大值 6.3 亿美元。

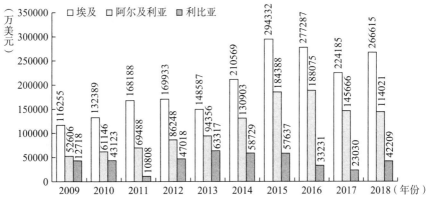

图 2 - 41　广东省对北非三国的出口贸易额（2009～2018 年）

据图 2 - 42，北非三国中，广东省与利比亚总体贸易规模较小，但广东省对利比亚的进口规模却是最大的，2009 年和 2010 年进口规模均超过 10 亿美元。海关数据中，2016 年和 2017 年广东省对利比亚进口数据存在奇异值，2016 年仅为 5680 万美元，2017 年达到 1975 万美元。2018 年，广东省对埃及和阿尔及利亚进口规模不足 1 亿美元。

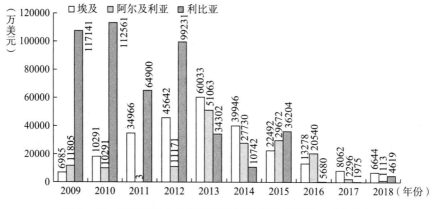

图 2-42　广东省对北非三国的进口贸易额（2009~2018 年）

由图 2-43 可知，广东省对埃及和阿尔及利亚常年保持贸易顺差，而且对埃及的贸易顺差幅度大于对阿尔及利亚的顺差幅度。2015 年，广东省对埃及的贸易顺差达到历史最大值 27.2 亿美元，近四年均维持在 20 亿美元以上。2016 年，广东省对阿尔及利亚贸易顺差达到最大值，为 16.8 亿美元。2009 年至 2012 年，广东省对利比亚贸易维持逆差，而且 2010 年逆差幅度最大，为 6.9 亿美元。2013 年至 2018 年，广东省对利比亚维持贸易顺差。2009 年至 2018 年，广东省对埃及贸易顺差额累计为 175.2 亿美元，对阿尔及利亚贸易顺差额累计为 99 亿美元，对利比亚贸易逆差额累计为 4.8 亿美元。

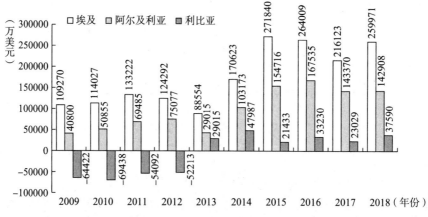

图 2-43　广东省对北非三国的贸易顺差额（2009~2018 年）

5. 广东省与中部非洲贸易情况

据图 2－44，中部非洲属于非洲大陆欠发达地区，与广东省的贸易规模相较非洲其他地区较小。2009 年至 2018 年，广东省与刚果（布）贸易规模累计为 22.6 亿美元，与刚果（金）贸易规模累计为 48 亿美元，约占广东省对非洲全部国家贸易累计规模的 1.5%，十年累计贸易顺差为 7485 万美元。2018 年，广东省与刚果（金）贸易往来增长迅速，达到历史最高值 12 亿美元，是 2009 年的 10.7 倍。

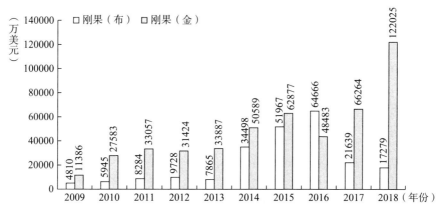

图 2－44　广东省与中部非洲两国的进出口贸易总额（2009～2018 年）

分析图 2－45 可知，广东省对刚果（布）出口额由 2009 年不足 0.5 亿美元逐年上升，2015 年达到 3.6 亿美元，增长了约 7.1 倍，随后逐年下降至 2018 年的 1.6 亿美元。广东省对刚果（金）出口额也在 2015 年达到顶

图 2－45　广东省对中部非洲两国的出口贸易额（2009～2018 年）

峰，为 3.8 亿美元，相较 2009 年增长了约 4.82 倍，到了 2018 年增长了约 3.3 倍。

从图 2-46 可见，广东省对刚果（布）进口额，除了 2014 年至 2016 年以外，其他年份数额都比较小，其中 2016 年达到最高值 3.3 亿美元，接近 2014 年和 2015 年的总和；2018 年进口规模回落到 2010 年以前的水平。广东省对刚果（金）进口总额连年上升，2017 年和 2018 年都保持 100% 以上的增速，2018 年创下历史新高 9.3 亿美元，较 2009 年增长了约 18.5 倍。

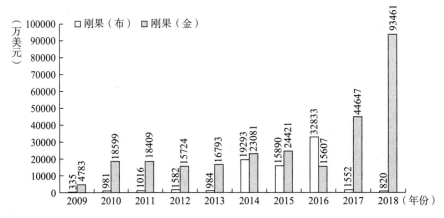

图 2-46　广东省对中部非洲两国的进口贸易额（2009~2018 年）

据图 2-47，广东省对刚果（布）常年保持小幅贸易顺差，贸易较为平衡。广东省对刚果（金）十年间贸易逆差和贸易顺差互现。从总量来

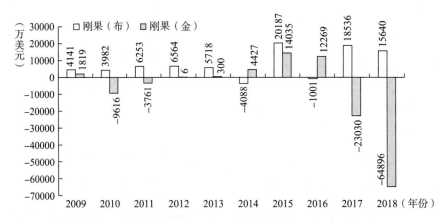

图 2-47　广东省对中部非洲两国的贸易顺差额（2009~2018 年）

看，中部非洲两国相比非洲其他地区与广东省的贸易规模要小得多。2015年，广东省对刚果（布）贸易顺差达到峰值，为 2 亿美元。2018 年，广东省对刚果（金）贸易逆差达到峰值，为 6.5 亿美元，较 2010 年增长了约5.7 倍，主要是因为 2018 年广东省对刚果（金）的进口相比前一年增加了109%。2009 年至 2018 年，广东省对刚果（布）贸易顺差累计为 7.6 亿美元，对刚果（金）贸易逆差累计为 6.8 亿美元。

（二）广东省对非洲进口情况

本节数据来源为中国海关总署。

2009 年至 2018 年，广东省对非洲进口集中度非常高，进口总额前四名的国家分别为南非、安哥拉、尼日利亚和利比亚，占广东省对全部非洲国家进口总额的 95%。南非是广东省对非洲进口总额最大的国家。广东省从南非进口的贸易品中 72% 属于未分类/列名商品（海关代码为 980100000）。除此之外，主要进口南非的贵金属及其加工品、矿产类资源。

2009 年至 2018 年，广东省主要从安哥拉、尼日利亚和利比亚进口原油。安哥拉是非洲最大石油产能国，也是广东省从非洲进口石油最多的国家，广东省对安哥拉进口总额约为 347.8 亿美元。其中进口原油累计达339 亿美元，占进口总额的 97.5%。

广东省从非洲第二大石油产能国尼日利亚进口石油总额约为 34.7 亿美元，占广东省对尼日利亚全部进口总额的 55.1%。2016 年，尼日利亚国内叛军袭击影响其石油生产和出口，当年广东省从尼日利亚进口石油为零，2017 年锐减至不足 5000 万美元。广东省对利比亚进口累计总额为 47.7 亿美元，几乎 100% 是原油。2011 年利比亚内战影响了石油出口，当年广东省从安哥拉进口原油也受到影响，当年从尼日利亚进口石油为零。广东省从第四大石油产能国阿尔及利亚进口的主要是石脑油。2018 年，非洲四大石油产能国中，广东省从安哥拉、尼日利亚、阿尔及利亚进口原油为零，仅从利比亚进口 5000 万美元的原油。

1. 广东省对南非进口情况

2009 年至 2018 年，广东省对南非进口总额累计约为 1670.7 亿美元。2009 年至 2018 年，广东省从南非主要进口各类煤、金属、钻石等矿产资源及其加工品。

2009 年至 2018 年，广东省从南非进口未分类/列名商品（海关代码为 980100000）累计达 1202 亿美元，具体各年份情况如表 2-2 所示。累计进口各类钻石 231.5 亿美元，其中其他工业钻石（海关代码为 71023900）为 202.8 亿美元，占比高达 87.6%；各类铂原料及加工品 104.8 亿美元，其中未锻造铂、铂粉（海关代码为 71101100）占 66.4%；黄金及其加工品 22.4 亿美元，其中 2018 年进口其他半制的金、非货币用（海关代码为 71081300）18.2 亿美元，占 81.3%；铬铁（海关代码为 72024100）累计约 37 亿美元；多种煤 3.9 亿美元；各种矿砂及其精矿（铁、铜、铬、锰、银、锌、锆、铅、钛、锡、锑、铌、钽、钒、镍及其他贵金属）17 亿美元。不锈钢制品 1.2 亿美元；各类钯及其加工品 1.5 亿美元；动物皮革 5.1 亿美元，其中牛皮为 4.3 亿美元，约占 84.3%；各种原木及木制品 1.9 亿美元；正丁醇 1.5 亿美元；工业用脂肪醇 2.4 亿美元；各类橙 4 亿美元；葡萄 2.2 亿美元，葡萄酒 0.7 美元。以上商品贸易额约占全部进口商品贸易额的 98.6%。

表 2-2 广东省从南非进口的主要商品贸易品额（2009～2018 年）

单位：亿美元

年份 海关代码	2009	2010	2011	2012	2013	2014	2015	2016	2017	2018
980100000	9	33.7	158.7	280.5	276.8	213.8	112.7	65.7	51.1	—
71023900	1.1	2.7	5.8	8.3	18.3	34	32	31.1	32.2	37.3
71101100	4.6	6.2	7.3	8.6	9.7	12	8.9	5.3	5.6	1.4
72024100	2.0	3.4	4.8	3.8	5.9	4.0	4.0	3.2	3.5	2.8

2. 广东省对安哥拉进口情况

安哥拉是广东省从非洲进口石油最多的国家，原油是安哥拉出口广东省的第一大贸易品。2009～2018 年，广东省对安哥拉进口总额约为 347.8 亿美元。其中进口原油累计达 339 亿美元，占全部进口总额的 97.5%，每年进口额波动比较大，2018 年进口额为零；进口钻石累计达 4.6 亿美元；液化丁烷累计达 9225.3 万美元，液化丙烷达 2.1 亿美元；多种木材达 1852.7 万美元。2014 年和 2017 年两年，广东省从安哥拉进口液化天然气累计为 8290 万美元。2009～2017 年广东省从安哥拉进口原油情况如表 2-3 所示。

表 2 - 3　广东省从安哥拉进口原油情况（2009 ~ 2017 年）

单位：亿美元

年份	2009	2010	2011	2012	2013	2014	2015	2016	2017
进口额	19.1	33.1	25.2	78.4	58.2	47.5	27.8	19	30.7

3. 广东省对尼日利亚进口情况

2009 年至 2018 年，广东省进口尼日利亚各类贸易品约为 63 亿美元，其中对尼日利亚最大进口贸易品为石油原油及从沥青矿物提取的原油，2009 年至 2017 年约为 34.7 亿美元，约占全部进口总额的 55.1%。尼日利亚是非洲第二大石油产能国，2016 年国内叛军袭击其石油设施影响了生产和出口，当年广东省从尼日利亚进口石油为零，2017 年锐减至不足 5000 万美元，2018 年原油进口为零。2011 年利比亚内战，广东省对尼日利亚的石油进口为零。

广东省从尼日利亚进口液化丙烷约为 9.7 亿美元，液化天然气约为 1.5 亿美元，其他液化丁烷 2.3 亿美元，其他未列名液化石油气及其他烃类气约为 3753.9 万美元。以上几种石化类贸易品（包括原油）占全部进口累计总额的 77.1%。广东省还从尼日利亚进口各种木材及家具 7.7 亿美元，其中红木约为 7.3 亿美元，约占全部进口贸易品累计总额的 11.5%。各类精矿 1.4 亿美元。各类羊皮、羊革约为 1.4 亿美元。近年来广东省从尼日利亚进口原油情况如表 2 - 4 所示。

表 2 - 4　广东省从尼日利亚进口原油情况

单位：亿美元

年份	2009	2010	2012	2013	2014	2017
进口额	5.1	6.5	9.9	9.0	3.7	0.49

4. 广东省对利比亚进口情况

2009 年至 2018 年，广东省对利比亚进口累计总额约为 47.7 亿美元，其中石油原油及从沥青矿物提取的原油约为 47.6 亿美元，几乎占到全部进口贸易品的 100%。利比亚长期实行单一国有经济，凭借石油资源出口，经济实力一度居非洲前列。据统计，2014 年 9 月，利比亚天然气储量 1.54 万亿立方米，居非洲第四位。但近年来由于局势动荡，利比亚国内生产受到冲击，石油出口锐减。2011年，利比亚爆发内战，广东省从利比亚进口石油比2010年下跌42.5%，2012年短暂恢复后，2013年起进口骤减至3.5亿美元，2014年进一步下跌至1亿美元。2016年进口为零。近年来广东省从利比亚进口原油情况如表2-5所示。

表2-5 广东省从利比亚进口原油情况

单位：亿美元

年份	2009	2010	2011	2012	2013	2014	2015	2017	2018
进口额	10.7	11.3	6.5	9.9	3.5	1	3.6	0.7	0.5

5. 广东省对阿尔及利亚进口情况

2009年至2018年，广东省进口阿尔及利亚各类贸易品约为18.6亿美元。广东省对阿尔及利亚的进口贸易品几乎全部是石油及其加工提炼品。其中，石脑油（不含有生物柴油）11.6亿美元，石油原油及从沥青矿物提取的原油约4.2亿美元，液化丙烷1.3亿美元，液化天然气2500万美元，其他液化丁烷1.1亿美元，粗二甲苯1292.3万美元。近年来广东省从阿尔及利亚进口原油及石脑油情况如表2-6所示。

表2-6 广东省从阿尔及利亚进口原油及石脑油

单位：亿美元

产品	石油原油			石脑油（不含有生物柴油）				
年份	2009	2010	2012	2013	2014	2015	2016	2017
进口额	1	1.9	1.2	3.8	1.5	2.7	1.8	1.8

（三）广东省对非洲出口情况

本节数据来源为中国海关总署。

2009年至2018年，广东省对非洲国家出口集中度较高，出口额累计前三名分别为南非、尼日利亚和埃及，占广东省对全部非洲国家出口总额的57.67%，出口额累计前八名占广东省对全部非洲国家出口总额的91.57%。根据贸易品种类分析，广东省对非洲主要出口纺织品、塑料、皮革、玻璃、纸制品、铝及其加工品、家电等。

1. 广东省对南非出口情况

根据中国海关总署数据，2009年至2018年，广东省对南非出口额累计为351.8亿美元。广东省对南非出口贸易品种类繁多，其中移动通信基站为 8.8 亿美元；多种自动数据处理设备为 4.4 亿美元；多种监视器为 1.5 亿美元；智能卡为 1 亿美元；手持（包括车载）式无线电话机为 17.8 亿美元；数字化视频光盘（DVD）播放机为 6.9 亿美元；其他接收转换且发送或再生声音等数据的设备为 4932.9 万美元；未列名有线数字通信设备为 1.5 亿美元；各种接收机及零部件为 13 亿美元；未列名静止式变流器为 2.4 亿美元；各种电源及配件为 3.1 亿美元；以太网络交换机为 7082.7 万美元；微型机为 4.4 亿美元；平板电脑为 1 亿美元；微波炉为 3.3 亿美元；空调为 7.7 亿美元；电风扇为 1.9 亿美元；光纤光缆等为 2452.2 万美元；塑料制品（不含纺织类）为 18.7 亿美元；纺织品（含棉、化纤、人造纤维）为 61.6 亿美元；陶瓷、瓷制品为 11.8 亿美元；家具为 19.6 亿美元；各种坐具为 8.8 亿美元，其中其他带软垫的金属框架坐具为 2.5 亿美元，其他带软垫的木框架坐具为 1.6 亿美元；玻璃制品为 4 亿元；橡胶制品为 7.7 亿美元；皮革为 4.4 亿美元；铝及其加工品为 6.3 亿美元；纸制品为 3.6 亿美元。由于品类多样且金额分散，无法一一列明。以上贸易品约占全部贸易品总额的 64.1%。

2. 广东省对尼日利亚出口情况

2009 年至 2018 年，广东省对尼日利亚出口额累计约为 357.7 亿美元。广东省对尼日利亚出口各种塑料制品（不含服装类）累计 20.7 亿美元，约占累计总额的 5.78%。各种纺织品（含棉、化纤、合成纤维纺织品）约为 61.8 亿美元，占累计总额的 17.3%。纸制品（含书籍、印刷品）为 6.9 亿美元。陶瓷、瓷制品为 13.9 亿美元，占累计总额的 3.9%。化工品，如橡胶制品（不含服装类）为 4.9 亿美元；高黏度聚对苯二甲酸乙二酯切片约为 1.9 亿美元；氯乙烯聚合物制铺地制品为 3.9 亿美元；化学剂（如杀虫剂、清洁剂等）为 1.8 亿美元。贱金属制品为 8.4 亿美元；铝制品为 12.8 亿美元，占累计总额的 3.6%。家具为 10.7 亿美元，各种材料坐具为 4 亿美元。摩托车及零配件为 24.2 亿美元。移动通信基站为 7.2 亿美元；通信设备为 2.2 亿美元；声音设备为 3.1 亿美元；未列名静止式变流器为 5.6 亿美元；波分复用光传输设备为 1.7 亿美元；各种接收机及配套为 7.4 亿美元；多种电源为 5.9 亿美元；手持（包括车载）式无线电话机及配件为 6.4 亿美元。由于贸易品种类繁多且金额分散，无法一一罗列。以上贸易品约占全部贸易品总额的 62.7%。

3. 广东省对埃及出口情况

2009 年至 2018 年，广东省对埃及出口产品种类丰富多样，累计为 206.2 亿美元。其中，移动通信基站为 4.3 亿美元；手持（包括车载）式无线电话机及零件为 11.6 亿美元；各类显示板（如液晶显示板）及零附件为 6.5 亿美元；通信设备为 4 亿美元；摩托车及零配件为 11.5 亿美元；品目 8517 所列设备用其他零件为 1.5 亿美元；各种接收机为 7.4 亿美元；各种声音设备为 5.6 亿美元；电气设备为 3.6 亿美元；电动机及零配件为 5 亿美元；调制解调器为 1.4 亿美元；空调为 3.7 亿美元；聚对苯二甲酸乙二酯切片为 1.5 亿美元；皮革为 2.1 亿美元；塑料制品（不含纺织类）为 10.6 亿美元；橡胶为 1.8 亿美元；纺织类（含棉、化纤、合成纤维纺织品）为 31.8 亿美元；玻璃制品为 5.3 亿美元；陶瓷、瓷制品为 4.8 亿美元；纸制品为 1 亿美元。由于贸易品种类繁多且金额分散，无法一一罗列。以上贸易品约占全部贸易品总额的 62.7%。

4. 广东省对阿尔及利亚出口情况

2009 年至 2018 年，广东省对阿尔及利亚出口额累计达 117.2 亿美元。其中，纺织品（含棉、化纤、合成纤维纺织品）为 9.5 亿美元，约占 8.1%；手持（包括车载）式无线电话机为 9.1 亿美元，约占 7.8%；多种接收机为 14.9 亿美元，约占为 12.7%；空调为 11.7 亿美元，约占 10%；通信设备（含光通信）为 2.3 亿美元；声音设备为 2.3 亿美元；移动通信基站为 2 亿美元；平板电脑为 1.1 亿美元；家具为 5.6 亿美元；坐具为 1.3 亿美元；冷冻、冷藏机及配件为 2.3 亿美元；天然气管道为 3.5 亿美元；玻璃制品为 2.4 亿美元；陶瓷、瓷制品为 3.6 亿美元。以上贸易品约占全部贸易品总额的 61%。

5. 广东省对加纳出口情况

2009 年至 2018 年，广东省对加纳出口额累计达 121.9 亿美元。其中，各类纺织品（含棉、化纤、合成纤维纺织品）为 24 亿美元，占累计总额的 19.7%；各种塑料制品（不含服装类）约为 9.4 亿美元，占累计总额的 7.7%；橡胶制品为 2.8 亿美元；多种化学剂（如清洁剂、杀虫剂）为 1.9 亿美元；陶瓷、瓷制品为 7.1 亿美元；玻璃制品为 1.6 亿美元；铝制品为 3.3 亿美元；皮革制品为 2.2 亿美元；纸制品为 2 亿美元；移动通信基站为 2.1 亿美元；通信设备为 0.9 亿美元；手持（包括车载）式无线电话机及配件为

1.5 亿美元；家具为 4.8 亿美元；坐具为 2.3 亿美元；空调为 1.8 亿美元；摩托车及配件为 6.5 亿美元。以上主要品类占全部出口总额的 70.6%。

6. 广东省对肯尼亚出口情况

2009 年至 2018 年，广东省对肯尼亚各类商品出口额累计为 118.6 亿美元。其中，各类纺织品（含棉、化纤、合成纤维纺织品）为 33.1 亿美元，约占全部出口累计总额的 27.9%；塑料制品约为 9.4 亿美元，约占全部出口总额的 7.9%；皮革制品为 1.4 亿美元；橡胶制品为 1.6 亿美元；玻璃制品为 1.9 亿美元；铝及其加工品为 1.7 亿美元；纸制品为 1.5 亿美元；陶瓷、瓷制品为 5.7 亿美元；平板电脑为 0.9 亿美元；手持（包括车载）式无线电话机及其配件为 4.3 亿美元；移动通信基站为 1.3 亿美元；摩托车及配件为 4.7 亿美元；家具为 4.9 亿美元；坐具为 1.8 亿美元。以上主要品类占全部出口总额的 62.4%。

7. 广东省对安哥拉出口情况

2009 年至 2018 年，广东省对安哥拉出口累计总额为 92.4 亿美元。其中，纺织服装类（含棉、化纤、合成纤维纺织品）为 13.8 亿美元，约占 14.9%；塑料制品为 9.2 亿美元，约占广东省对安哥拉出口累计总额的 10%；铝及其加工品为 1.6 亿美元；陶瓷、瓷制品为 2.4 亿美元；玻璃制品为 1 亿美元；家具为 3.1 亿美元；坐具为 1.9 亿美元；皮革制品为 1 亿美元；橡胶制品为 1.2 亿美元；纸制品为 7535.9 万美元；摩托车及配件为 2.1 亿美元；空调为 1.5 亿美元；各类接收机为 1.2 亿美元；钢材为 2.7 亿美元；电气设备为 0.95 亿美元；电池为 1 亿美元；移动通信基站为 0.3 亿美元；手持（包括车载）式无线电话机及配件为 0.4 亿美元。由于贸易品种类繁多且金额分散，无法一一罗列。以上主要品类占全部出口总额的 50%。

8. 广东省对坦桑尼亚出口情况

2009 年至 2018 年，广东省对坦桑尼出口贸易品累计总额为 89.6 亿美元。其中，纺织服装类（含棉、化纤、合成纤维纺织品）为 19 亿美元，占累计总额的 21.2%；各种塑料制品为 8.6 亿美元，占累计总额的 9.6%；陶瓷、瓷制品为 5.4 亿美元；玻璃制品为 1.4 亿美元；橡胶制品为 2.1 亿美元；皮革类制品为 1.7 亿美元；移动通信基站为 1.2 亿美元；铝及其加工品为 2 亿美元；钢铁及铁加工品为 4.6 亿美元；各类电池为 5 亿美元；家具为 4.1 亿美元；坐具为 1.2 亿美元；摩托车 7 亿美元。以上主要品类占全部出口总额的 70.8%。

三　广东省与非洲贸易特征总结

（一）对非洲贸易增长前景广阔

2009 年至 2018 年，广东省对外进出口贸易呈现出较大波动，累计总额为 106621 亿美元。同期，广东省对非洲进出口额累计达到 4660 亿美元，大约占广东省对外贸易规模的 4.4%。按年分析，2017 年、2018 年这一比例下跌至不足 4%。全国来看，2009 年至 2018 年，广东省对非洲贸易规模一度占全国对非洲贸易的 30% 以上，位居全国第一。2016 年之后连续下跌，到了 2018 年这一比例只有 19%。从增长率来看，2012 年和 2015 年是重要转折年。2012 年，广东省与非洲进出口贸易增速比上年下跌 48.2 个百分点；2015 年全国与非洲进出口贸易从 2014 年正增长转入负增长，广东省亦如此。经历了 2015 年至 2017 年三年负增长，2018 年广东省对非洲进出口贸易总额同比增长 5.6%，重回正增长的轨道。以目前的规模和占比来看，无论是省内对比，还是全国比较，广东省对非洲进出口贸易增长空间巨大，前景广阔。

2008 年金融危机以来，全球贸易格局发生深刻变化，西方发达国家需求增长乏力，非洲地区经济增长领跑全球。2018 年世界经济增长前五位的国家，有四个来自非洲。非洲国家各种自然资源相当丰富，却普遍因缺乏技术而无法深加工。广东省应抓住非洲高速发展的机遇，发挥轻工、纺织等传统劳动密集型产业的竞争优势，继续扩大轻工、纺织等产品出口，满足非洲巨大的消费市场。同时，随着非洲国家经济进一步增长，广东省应大力发展新技术新产业，改善对非洲的出口贸易结构，从劳动密集型产业产品向机电、高新技术等资本、技术密集型产业产品升级。

（二）对非洲贸易集中度较高

2009 年至 2018 年，广东省对非洲进口集中度非常高，进口总额前四名的国家南非、安哥拉、尼日利亚和利比亚，占广东省对全部非洲国家进口总额的 95%。广东省对非洲国家出口集中度较高，出口额累计前三名南非、尼日利亚和埃及占广东省对全部非洲国家出口总额的 57.67%，出口额累计前八名占广东省对全部非洲国家出口额的 91.57%。贸易高度集中于少数国家，一方面，一旦这些国家出现内乱，短期内将对广东省与非洲的贸易发展，乃至广东省经济增长造成负面影响；另一方面，一旦这些国家与中国的政治外交出现重大变化，将对广东省经济造成冲击。因此，广东省应在保持目前贸易结构良好发展的基础上，继续加大与其他非洲国家的经贸合作，降低贸易过度集中所引发的风险。

例如，尼日利亚已取代南非成为非洲地区经济规模最大的国家。但与南非相比，尼日利亚与广东省贸易规模仍有非常大的增长空间。从总量来看，2018 年，广东省与尼日利亚进出口贸易规模只有 45.2 亿美元，广东省与南非进出口贸易规模为 136.4 亿美元。相比之下，广东省与南非贸易规模大约是尼日利亚的 3 倍。按比例来看，2018 年，广东省与南非贸易规模占广东省对非洲国家的 35.2%，与尼日利亚这一比例为 11.7%。从增速来看，2018 年，广东省与南非进出口贸易增速为 11.2%，与尼日利亚进出口贸易增速为 -9.2%。

（三）进口贸易结构单一，出口以纺织轻工为主

广东省对非洲进口贸易结构单一。广东省从非洲进口的贸易品主要为石化、矿产等资源。具体地，对非洲第一大石油产能国安哥拉进口贸易 98% 是原油，对尼日利亚进口 50.8% 是原油，对利比亚进口几乎 100% 是原油。这种进口贸易结构一方面与非洲丰富的自然资源分不开，另一方面是非洲因为技术不足和资本缺乏，长期以来只能向世界出口原料产品，对广东省也不例外。未来，随着世界各国对非洲投资的进一步增加，给非洲带去资本和技术，非洲当地的轻、重工业也将发展起来，广东省对非洲进口贸易结构将有所改善，形成以资源进口为主、贸易品多元化的格局。

近十年来，广东省对非洲出口主导产业仍然是纺织、轻工等劳动密集型产业，机电产品、通信设备等出口规模持续增加。我国经历人口拐点之后，可以预见人力成本将持续上升，纺织、轻工等产业生产成本上升将不利于广东省出口贸易品在非洲市场上竞争。广东省未来对非洲出口需要进一步向机电产品、高新技术产品等资本、技术密集型产品升级，提升总量的同时提升质量。

随着"一带一路"倡议开展，粤港澳大湾区规划出台，广东省面临新时代历史性发展机遇，有望开启经济发展新篇章，经济高速增长的同时，对资源的需求量也越来越大。一方面，非洲丰富的石油资源可以为广东省经济增长提供充足供应；但另一方面，如果广东省对非洲石油进口依赖程度越来越高，将造成负面影响，一旦非洲主要产油国发生动乱，将影响对广东省原油出口，短期将不可避免地对广东省经济造成冲击。

（四）贸易受非洲政局影响较大

2009～2018年这十年也是非洲多个与广东省贸易规模较大的国家政局动荡不安的十年。2010年"阿拉伯之春"，2011年利比亚发生武装冲突，而尼日利亚国内叛军近年来才渐渐得以平息。2011年利比亚内战，广东省从利比亚进口原油总额骤降，连锁反应之下，当年广东省从安哥拉进口原油总额锐减，从尼日利亚进口原油为零。2018年，非洲四大石油产能国中，广东省从安哥拉、尼日利亚、阿尔及利亚进口原油为零，仅从利比亚进口5000万美元原油。非洲政局稳定与否，是影响广东省与非洲贸易发展的重要因素。和平与发展才是时代主题，相信非洲地区也终会普遍走向国内政局稳定、经济快速发展的局面。广东省应提高警惕，在扩大与非洲贸易规模的同时，做好应对未来主要贸易国家政局突变的预案，提升应急处置能力，尽可能将不利影响降到最低。

（五）国内省份横向对比

湖南省作为内陆城市，毗邻广东省。近年来与非洲贸易发展迅速。据图2-48所示，经历了2014年至2016年连续三年的负增长之后，2017年

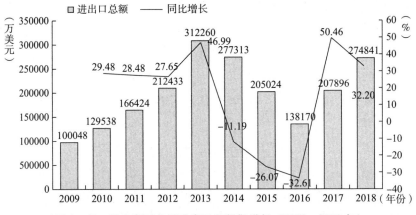

图 2-48　湖南省对非洲进出口总额及增长（2009～2018年）

重回高增长轨道。2018 年,湖南省与非洲贸易规模为 27.5 亿美元,仅为广东省对非洲贸易规模的 7.1%。2009 年至 2018 年,湖南省对非洲贸易规模累计为 202.4 亿美元,仅为广东省对非洲贸易规模的 4.3%。

据图 2 - 49,湖南省对非洲出口贸易在 2013 年达到最大值约 23 亿美元,2015 年锐减至 5.9 亿美元,近三年恢复增长态势。据图 2 - 50,2018 年湖南省对非洲进口额为十年新高,达到 16.6 亿美元。

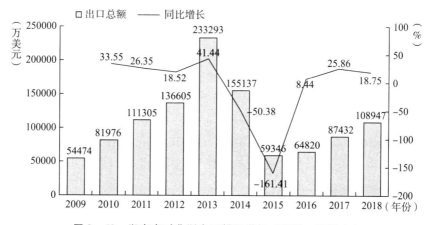

图 2 - 49 湖南省对非洲出口额及增长(2009 ~ 2018 年)

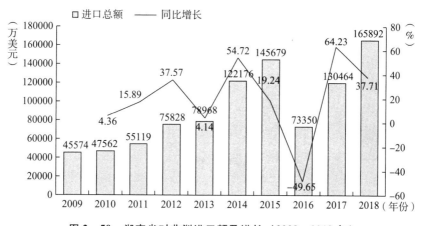

图 2 - 50 湖南省对非洲进口额及增长(2009 ~ 2018 年)

从图 2 - 51 可知,2009 年至 2018 年,湖南省对非洲贸易累计呈贸易顺差,为 16.3 亿美元。2013 年贸易顺差额最大,为 15.4 亿美元。2015 年开始转为贸易逆差,且当年贸易逆差达到历史最大值 8.6 亿美元。可见湖南省对非洲贸易规模增长,主要是进口增长迅速。

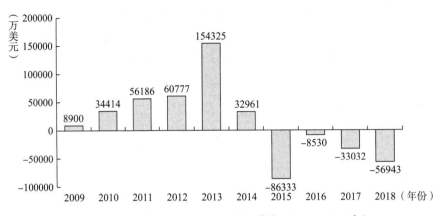

图 2 - 51　湖南省对非洲贸易顺差和逆差（2009～2018 年）

第三章

粤非投资往来 40 年

一 非洲对广东省投资

（一）改革开放 40 年广东省利用非洲投资规模变化

在党的十九届一中全会上，习近平总书记指出，新时代坚持和发展中国特色社会主义，根本动力仍然是全面深化改革。2018 年是中国改革开放 40 周年，总结好改革开放的经验和启示，能够为新时代全面深化改革提供强大动力和有力保障。广东省作为中国对外开放的先行者，多年来一直凭借着良好的区位优势和政策优势以及敢为人先的开放心态走在中国利用外资的最前端，成为迄今为止对外商投资最有吸引力的地区之一。作为改革开放的排头兵、先行地、试验区，广东省工作得到了习近平总书记充分的肯定，并被赋予新时代新使命——"在构建推动经济高质量发展体制机制、建设现代化经济体系、形成全面开放新格局、营造共建共治共享社会治理格局上走在全国前列"。"四个走在全国前列"是习近平总书记对广东省工作的新期望，也赋予了广东省在国家改革开放大局中的清晰定位。

非洲地区面积辽阔，人口结构年轻化，并且拥有十分丰富的矿产、林业、水利及农业资源，已成为全球经济增长最具潜力的地区之一。自 1995 年起，非洲有 1/5 的国家经济年增长率平均达到了 7%。进入 21 世纪以来，非洲正在加快工业化发展步伐、加大劳动密集型产业投入，不断出台鼓励外来投资的政策，经济增长与消费需求潜力巨大。资源丰富、消费市场广阔、人口红利已经成为非洲经济发展的突出优势，使非洲将成为中国企业未来几年海外投资的热点。

在全球经济增速明显放缓的情况下，中非经贸关系却一直保持着良好发展势头。随着中国"一带一路"倡议的实施，非洲正成为中国企业"走出去"的热土。非洲是中国开展"一带一路"建设的重要方向和合作伙伴，中非投资和经贸合作是建设"21世纪海上丝绸之路"的重要内容，对于实现国家对非洲外交战略目标、构建新型战略伙伴关系具有重要意义。鉴于广东省在我国改革开放和社会主义现代化建设大局中的战略地位，在中非经贸往来中，广东省走在前列责无旁贷，这对广东省"走出去"发展战略和广东省经济的持续发展具有重大意义。自2000年中非合作论坛成立以来，中非关系迅速发展，中非合作已取得了明显的成果，前景十分广阔，也促进了广东省与非洲国家经贸合作的快速增长。作为中国与非洲各国投资贸易往来最为密切的省份之一，广东省与非洲在资源禀赋、经济结构等方面具有很强的互补性，双方经贸合作潜力巨大。作为开放大省、贸易大省，广东省借助广交会等平台在经贸、人员等领域交往日趋频繁，不断提高与包括非洲国家在内的相关国家、地区的经贸合作水平，开创粤非投资合作新局面。

在全球投资缩减的情况下，中国与非洲双向投资往来逆势上扬，而且每年的增长幅度都在两位数以上。在中非友好合作不断深化的大背景下，正在经历产业转型的广东省开放型经济，抓住契机，充分利用广东省与非洲在资源、工业、贸易和市场上的高度互补性，不断提升粤非经贸交流合作水平，双方人员往来也日益频繁，目前已有近10个非洲国家在广州设立总领事馆①。近年来，粤非就加强双边贸易投资合作不断达成新共识，合作领域进一步拓展，双方合作已延伸至科技、农业、金融和旅游、矿业、可再生能源等多个领域。

作为中国经济体制改革的先行者与试验者，广东省在"引进来"和"走出去"方面不断探索，吸收和利用外资成果显著。广东省利用外资的方式主要有利用国际直接投资和国际间接投资两大类。与外商间接投资的方式相比，外商直接投资灵活性大、风险小，可将引进外资与学习外商先进的技术与管理经验相结合，有利于提高引进外资的质量。20世纪90年代后，广东省利用外资逐渐以外商合作、合资、独资等外商直接投资方式

---

① 《非洲研究院召开第一次工作会议》，https：//giis. gdufs. edu. cn/info/1402/7593. htm.

为主,并超过间接投资的比重。

1. 广东省吸收非洲直接投资签订项目数变化

随着 2000 年 7 月中非合作论坛第一届部长级会议的召开,中国不断加强同非洲国家的团结与合作,中非投资往来日趋向好,广东省吸收非洲企业直接投资随之蓬勃发展。

(1) 项目数稳步增加。改革开放 40 年以来,进入广东省的非洲直接投资流入量发生了巨大的变化。1979～2017 年非洲在广东省签订项目数累计达到 1920 个①。其中,首届中非合作论坛召开以前,即 1979～2000 年 20 多年与非洲签订协议仅 51 个 (见图 3 – 1);2001 年以后,广东省吸收非洲直接投资新签项目数在多数年份中超过了改革开放后头 20 多年的总体表现,仅 2017 年新签项目数,就达到了头 20 多年数据总额的近 7 倍;2008 年,受金融危机波及带来的不确定性影响,当年非洲在广东省新签项目减少。除此以外,观察广东省吸引非洲直接投资签订合同总体表现还可以看到,2010～2017 年八年间累计签订项目数为 1263 个,是 1979～2000 年总额的 24.8 倍。

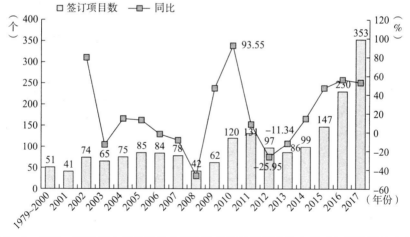

图 3 – 1　1979～2017 年广东省吸收非洲直接投资签订项目数表现 (规模及增长速度)
数据来源:历年《广东省统计年鉴》。

(2) 除了个别年份外,新签项目数总体保持增长趋势。从非洲在广东省投资签订合同的各年增长速度来看,虽然波动较大,但除个别年份外基

---

① 1979—2018 年《广东省统计年鉴》中国统计出版社。

本上保持了增长态势（见图 3 - 1），进入 21 世纪后年均增长速度超过了 20%。受 2008 年金融危机影响，全球经济不景气，2007 年与 2008 年广东省吸收非洲直接投资新签项目数出现下滑，其中 2008 年下降比例最大，较上年下降 46.15%。出现较大降幅的年份还有 2012 年，同比下降 25.95%；2013 年，同比下降 11.34%。新签项目数增加最多的年份是 2010 年，相较于 2009 年增加 58 个，同比增加 93.55%；2002 年较 2001 年也有较大增长幅度，达 80.49%。观察其他年份的数据还可以发现，2008 年至 2010 年与 2013 年至 2017 年，非洲在广东省直接投资新签合同数均保持较快增长速度，其中，2002 年、2009 年、2010 年、2015 年、2016 年、2017 年同比增长率超过40%。

（3）占全省比重较小，缓慢增长。从历年广东省利用非洲投资规模在全省占比来看，1979～2015 年广东省吸引非洲投资项目规模占比较低，平均仅有 1.37%，但总体保持增长趋势（见图 3 - 2）。1979～2000 年这 20 多年间，广东省与非洲新签项目数仅占广东省全部外商直接投资签订协议（合同）数的 0.1%。此后，借助 2000 年中非合作论坛召开的良好开端，广东省利用非洲投资项目数占全省比重开始缓慢提升，至 2016 年达到最大比重 2.85%。广东省在吸引非洲投资签订项目方面保持良好态势，稳步发展，投资领域涉及农业经济、轻工制造、旅游开发、基础设施建设、新能源开发、职业技术培训等。

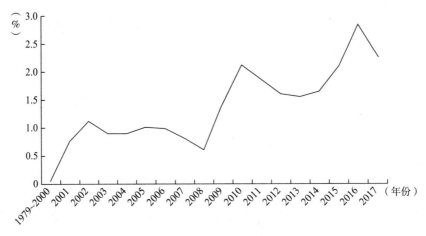

图 3 - 2　1979～2017 年广东省吸收非洲直接投资签订项目数表现（全省占比）
数据来源：历年《广东省统计年鉴》。

2. 广东省吸收非洲投资实际利用外资规模变化

自 1979 年，广东省在国家"引进来"政策支持下，紧抓特区内的基础设施建设，积极引进先进技术和管理经验，通过一系列政策法规吸引外资、侨资，为外商投资办企业提供生产与生活支持。通过国家的大力支持与自身的不断探索，广东省吸引非洲投资的成效开始凸显。

（1）实际利用外资规模大幅度增加。1979～2017 年，广东省吸收非洲投资金额稳居全国前列，总体保持增长态势，累计实际利用外资金额达 29.22 亿美元（见图 3－3）。其中，1979～2000 年这 20 多年间，广东省累计实际利用非洲直接投资金额 1.5 亿美元，仅占改革开放四十年来广东省实际利用非洲直接投资金额的 5%。从 2001 年起，广东省实际利用非洲投资额开始稳步增长，2010～2017 年八年间，非洲累计对广东省实际投资 16.55 亿美元，较 1979～2000 年增加近 10 倍。

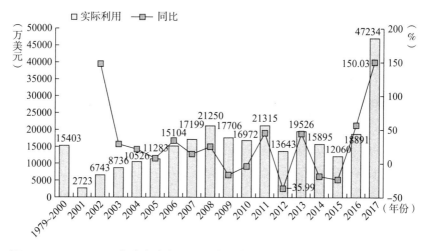

图 3－3　1979～2017 年广东省实际利用非洲直接投资额表现（规模及增长速度）
数据来源：历年《广东省统计年鉴》。

广东省实际利用非洲直接投资额开始于 20 世纪 90 年代，其中，1990 年吸引非洲直接投资 16 万美元。[1] 此后，随着改革开放政策的深入实施，广东省实际利用非洲投资额总体上保持增加态势。值得关注的是，2004 年，广东省实际使用非洲投资首次突破了 1 亿美元大关，并且往后年份在

---

① 数据来源：1979—2018 年《广东省统计年鉴》，中国统计出版社。

此基础上不断发展。近年来，非洲对广东省实际投资进入加速发展阶段，仅 2007 年、2008 年、2009 年、2010 年、2011 年、2013 年、2014 年、2016 年、2017 年单个年份，实际吸引非洲直接投资就超过 1979～2000 年累计 20 多年的数据。2008 年、2011 年、2017 年广东省实际利用非洲直接投资额均高于 2 亿美元，2017 年为 4.72 亿美元，2017 年成为改革开放四十年间广东省实际利用非洲直接投资最多的年份，较上年增加了 150%。

（2）实际利用外资增速整体波动上升，多个年份出现负增长。从 1979～2017 年广东省实际利用非洲投资金额的变化来看，实际利用非洲投资总体上保持上升趋势，2002～2017 年年均增长率为 19.52%。2001～2008 年实际利用非洲投资规模增速较快；2008～2015 年，实际利用外资增速整体下滑趋势明显，并且波动较大，主要是因为 2008 年金融危机带来全球市场的不稳定性并未完全消除。2012 年同比出现了最大幅度的下滑，下降比例为 35.99%。出现较大幅度下滑的年份还有 2009 年、2014 年和 2015 年，增长率分别为 -16.68%、-18.6% 和 -24.13%。另一方面，广东省实际利用非洲投资金额上升最快的年份是 2017 年，较上一年增加了 150% 多，达到广东省实际利用非洲直接投资额的峰值。除此以外，2002 年，广东省实际利用非洲直接投资同比增长 147.63%；2016 年同比增长率也较高，较上一年增加 56.64%；2013 年，该实际利用金额同比增长 43.12%。

（3）实际利用外资占全省规模比重较低。从已有数据看，历年广东省实际利用非洲投资额占全省总体利用外资额的比重相对较小，且 1979～2017 年呈现出先增加后逐步减少而后波动上升的趋势，年均规模占比约 0.82%。从单个年份来看，2017 年为广东省实际利用非洲投资占全省比重最高的年份，占比首次超过 2%（见图 3 - 4）。可以看出，尽管广东省与非洲在资源禀赋和经济结构等方面有很强的互补性，但广东省在利用非洲投资方面的突出优势并没有完全显示出来，广东省应该进一步采取积极措施，鼓励非洲企业来粤投资。

3. 广东省吸收非洲投资协议金额规模变化

伴随着中国经济结构的调整和优化，广东省充分抓住中非合作的良好机遇，并结合自身优势，将吸收外资与加快企业技术改造结合起来，渐进式地在改革中稳步发展。邓小平南方谈话后，广东省继续发挥自身的区位优势，逐步提升对外开放的整体质量，并且大胆尝试参与国际经济合作与

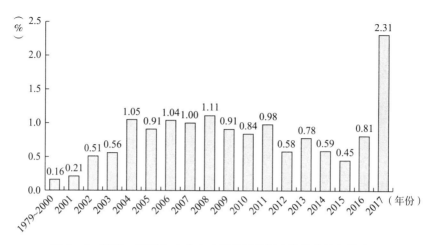

图 3 - 4　1979～2017 年广东省实际利用非洲直接投资额规模占比

数据来源：历年《广东省统计年鉴》。

国际接轨等方面工作，利用外资工作得到了突飞猛进的发展。

（1）协议利用外资金额规模整体保持增加趋势。1979～2017 年，广东省积极利用非洲投资，改善投资环境，提高技术水平，广东省利用外资工作逐步成熟。这一时期，广东省签订协议利用非洲投资额累计达 46.30 亿美元。40 年来，非洲直接投资协议投资额流入广州的数量变化较大。1979～2000 年，广东省吸收非洲投资协议金额仅 1.71 亿美元；2001～2007 年，在中非合作的大背景下，广东省协议利用非洲投资金额增长较快，从 2001 年的 1.04 亿美元增长到 2007 年的 6.17 亿美元，增加了 4.9 倍，这段时间内累计利用非洲协议投资 18.71 亿美元，是 1979～2000 年总额的 10 倍多，占 1979～2017 年数据总额的 40.4%。尽管 2008 年开始，受全球金融危机波及，广东省协议利用非洲投资金额开始出现减少趋势，这十年间，累计金额仅为 25.88 亿美元，但仍然超出 1979～2000 年总额 14 倍多（见图 3 - 5）。2014～2016 年，广东省协议利用非洲投资相较于 2011～2013 年有所减少，减少金额约 1 亿美元。

从时点数据来看，1990 年，非洲对广东省的协议投资额仅为 19 万美元，到 2007 年，大幅增加到历史峰值 6.17 亿美元，并远远超过了 1979 年至 2000 年间的总额。除此以外，2003 年，及 2005～2008 年各年和 2010～2017 年内广东省协议利用非洲投资额均超过了 1979～2000 年的总额。各年广东省协议利用非洲投资金额排名靠前的年份有 2007 年，为 6.17 亿美元；

2017年，为5.28亿美元；2005年，为3.31亿美元；2006年，为3.11亿美元；2012年，为3.22亿美元；2013年，为3.21亿美元（见图3-5）。进入21世纪以来，非洲协议投资金额发展势头大体良好，大多数年份均超过了1亿美元，但受金融危机影响，2009年广东省协议利用非洲直接投资金额最少，仅为0.98亿美元。2017年，广东省协议利用非洲直接投资额较前几年出现了较大幅度的回升，实现了自2014年来的三连增，达到5.28亿美元。2015～2017年，非洲对广东省的协议投资额年均增速超过了40%。

（2）协议利用外资增速剧烈波动。从历年广东省利用非洲协议总投资额的变化情况来看，呈现出剧烈波动态势（见图3-5）。例如，2007年同比上一年增加98.71%，到2008年协议利用非洲投资从6.17亿美元下降为1.89亿美元，下降幅度达到了69.38%。2017年，广东省利用非洲协议投资额较上一年大幅度增加了77.55%。观察其他年份结果，2005年、2007年、2010年和2012年相较于上年，协议利用金额均出现了较大幅度的上升，涨幅超过50%。2009年、2014年则同比出现了40%左右的下降幅度。

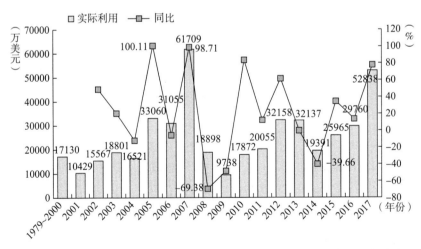

图3-5　1979～2017年广东省利用非洲协议总投资额表现（规模及增长速度）
数据来源：历年《广东省统计年鉴》。

（3）协议利用外资占全省规模比重较小，呈现先增后减的态势。从历年广东省协议利用非洲投资额占广东省总体协议利用外资比重来看，同历年广东省实际利用非洲投资和新签协议个数一样，总体占比不高，最小仅为 0.1%，最大比重为 1.81%。广东省利用非洲协议投资额比重超过 1% 的年份只有 2005～2007 年，分别为 1.39%、1.26% 和 1.81%。1979～2000 年，广东省协议利用非洲投资额占全省规模比重较低，2001 年起，随着中非经贸往来的日益频繁，该比重开始缓慢增加，但是受金融危机影响，自 2008 年以来，除了 2010 年、2012 年和 2017 年，广东省利用非洲协议投资占全省比重较上一年有所回升外，其他年份占比均有所下降（见图 3－6）。

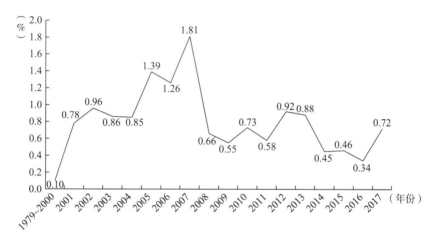

图 3－6　1979～2017 年广东省利用非洲协议总投资额表现（全省占比）
数据来源：历年《广东省统计年鉴》。

4. 与开放大省江苏省比较吸收非洲投资

同样作为改革开放的前沿阵地，与广东省对比，利用外资亦是江苏省开放性经济发展的工作重点。长期以来，江苏省采取了一系列吸引外资的优惠政策，并取得了不错成效。数据显示，2003～2014 年，江苏实际利用外资连续十二年位列全国第一，并远远超过广东省。在利用外资的制度与政策方面，同为开放型经济大省的江苏省与广东省，竞争更趋明显。广东省通过广东省自贸区建立了与国际接轨的外商投资管理体制，并凭借毗邻粤港澳大湾区的独特区位优势，有力促进了广东省吸引和利用外资，并在 2015 年超过江苏省成为当年实际利用外资最多的省份。

（1）在同非洲新签协议数方面，广东省稳步增加并反超江苏省。首先，从整体规模上看，2000 年至 2017 年，江苏省累计同非洲签订协议数为 1650 个，比广东省少 233 个。2000～2010 年，江苏省同非洲新签合同数一直领先于广东省，共超出广东省 423 个。其中，2003 年两省相差数额最多，达 102 个。从 2003 年起，广东省同非洲新签项目数与江苏省的数目差距逐步减小，并在 2011 年开始超过江苏省，并且广东省超出江苏省的数额逐步扩大；至 2016 年，广东省签订 230 个，比江苏省签订的 60 个多近 3 倍，说明 2011 年以后，广东省吸引非洲投资的良好发展势头已经逐步显现。2017 年。广东省进一步扩大与江苏省在同非洲签订项目上的优势，当年共与非洲签订 353 个项目，是同期江苏省的近 4 倍（见图 3 - 7）。

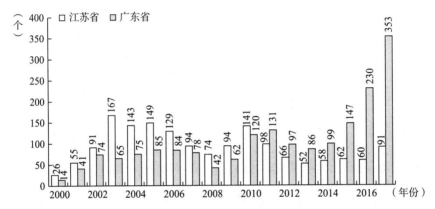

图 3 - 7　2000～2017 年江苏省与广东省吸引非洲投资新签协议数规模

数据来源：历年《广东省统计年鉴》《江苏省统计年鉴》。

从吸引非洲投资新签项目数变化方面来看，广东省优势更显著。江苏省利用外资的规模增幅总体上明显减缓，年均增长率仅为 14.59%，小于广东省的年均增长率 30.71%。其中，2001 年较上一年增长 11.54%，而 2006 年至 2008 年的同比增长率均在 -10% 以下，在 2009 年与 2010 年有了短暂的回暖，2011 年至 2013 年按年均 -28% 的幅度继续减少。另外，2011 年以前，江苏省与广东省与非洲新签协议数（个）的变化趋势较为一致，均表现为先增后减，并在 2009 年、2010 年表现为短暂回升，但广东省吸引非洲投资的优势 2011 年后开始逐步显现。尽管江苏省在 2011 年后出现了增长率回暖趋势，但其年均增长率仅为 -2.5%（见图 3 - 8）。

吸引非洲投资新签项目占全省比重方面，江苏省与广东省较为一致。从与非洲签订协议数占本省所有吸引外资新签协议数的比重来看，江苏省与广东省都较低，但总体均呈现不断增长的态势；同时，江苏省这一比重

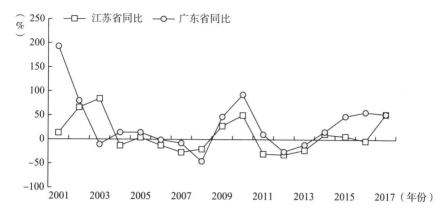

图 3 - 8　2001～2017 年江苏省与广东省吸引非洲投资新签协议数（同比增长率）
数据来源：历年《广东省统计年鉴》《江苏省统计年鉴》。

仍然领先于广东省（见图 3 - 9）。随着我国利用外资环境的不断变化，广东省不断加强对外资工作的重视程度和推进力度，利用外资的成果不断凸显，并在近两年占全省规模开始出现反超江苏省的趋势。在与非洲签订项目数所占比重方面，2012 年广东省为 1.61%，首次超过江苏（1.59%），并在 2016 年超出幅度达到最大。

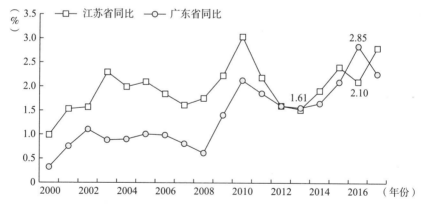

图 3 - 9　2000～2016 年江苏省与广东省吸引非洲投资新签协议数占全省比重
数据来源：历年《广东省统计年鉴》《江苏省统计年鉴》。

（2）在实际利用非洲直接投资方面，江苏省相较于广东省一直处于遥遥领先地位，但优势逐步丧失。

就实际利用非洲直接投资金额而言，江苏省整体上保持了利用外资的优势，自 2000 年以来的十多年间，江苏省累计实际利用非洲投资金额

57.88 亿美元，高于广东省总额超过 100%。对比江苏省与广东省在实际利用非洲投资金额方面的数据发现，自 2000 年至 2016 年，江苏省超出广东省的数额总体上呈现先增加后减少的倒 U 形。2000~2015 年，江苏省实际利用非洲投资额比广东省具有明显优势，随着年份推移，这种优势呈现出先快速扩大而后逐步减少的态势，其中，2009 年，江苏省实际利用非洲投资金额为 6.86 亿美元，广东省为 1.78 亿美元，二者相差最大，为 5.08 亿美元。自 2009 年起，在实际利用非洲直接投资金额方面，广东省与江苏省的差距逐年缩小，并在 2016 年，江苏省实际使用非洲投资额首次落后于广东省。

从两省利用非洲实际投资占全国的比重来看，江苏省和广东省实际利用非洲投资规模均走在全国前列，历年平均占比合计为 44%，最高占比为 2003 年，达到 59.34%，这说明广东省与江苏省在利用非洲投资方面具有举足轻重的作用（见表 3 - 1）。

表 3 - 1　2000~2016 年广东省与江苏省实际利用非洲投资情况

单位：万美元

年份	广东省	广东省占全国比重	江苏省	江苏省占全国比重	全国
2000	4272	14.85%	5654	19.65%	28771
2001	2723	8.26%	10157	30.80%	32977
2002	6743	11.94%	20876	36.97%	56462
2003	8736	14.14%	27925	45.20%	61776
2004	10526	13.57%	17361	22.38%	77568
2005	11283	10.54%	30123	28.13%	107086
2006	15104	1.25%	52681	4.35%	121735
2007	17199	9.63%	55869	31.27%	178683
2008	21250	12.74%	54820	32.87%	166788
2009	17706	13.52%	68622	52.40%	130969
2010	16972	13.26%	47199	36.88%	127992
2011	21315	12.99%	44894	27.36%	164091
2012	13643	9.83%	48139	34.69%	138787
2013	19526	14.16%	37271	27.03%	137901
2014	15895	15.61%	28664	28.15%	101826
2015	12060	20.61%	15811	27.02%	58507
2016	18891	16.76%	12711	11.28%	112720
合计	233844		578777		2894639

数据来源：历年《广东省统计年鉴》《江苏省统计年鉴》。

实际利用外资增速方面，江苏省与广东省波动均较大（见图 3 - 10）。2000～2009 年，江苏省实际利用非洲直接投资规模按照年均增速 40% 保持了较快增长，除了 2004 年与 2008 年。从 2000 年的 0.57 亿美元快速增长到 2009 年历史最高值 6.86 亿美元，增长了 11 倍。自 2010 年以来，伴随着经济发展进入新常态，江苏省利用非洲投资增幅明显放缓，除了在 2012 年短暂回升以外，出现了连续负增长，实际利用非洲投资规模不断下滑。截止到 2016 年，江苏省利用非洲实际投资金额已减少为 1.27 亿美元，年均下降幅度约为 -20%。自 2013 年起，广东省实际利用非洲投资增长率开始超过江苏省，至 2016 年二者的增长率差距超过 60 个百分点。2016 年，全国实际利用非洲投资额的增速首次超过江苏省和广东省。

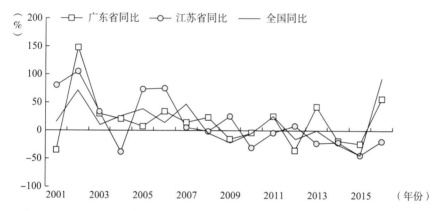

图 3 - 10 2001～2016 年江苏省与广东省实际利用非洲直接投资金额同比增长率
数据来源：历年《广东省统计年鉴》《江苏省统计年鉴》。

在实际利用非洲直接投资金额占本省比重方面，尽管两个省份所占比重均不高，然而江苏省实际利用非洲直接投资金额占本省的比重几乎一直领先全国水平而广东省则与全国水平有不少差距（见图 3 - 11）。在这个时间段内，江苏省仍然显示出利用外资的突出优势，但是，两省所占比重的差距在逐年减少。2016 年，广东省实际利用非洲投资额占全省比重首次超过了江苏省。可见，作为离非洲最近的省份之一，随着广东省近年来不断加强外资工作的重视程度，并凭借自贸区的制度优势和服务业开放改革的深入推进，相较于江苏省，广东省在吸引非洲投资方面的优势逐步凸显。

（3）在协议利用非洲投资方面，江苏省继续保持了江苏省在外资工作中的独特优势。2000～2016 年，江苏省累计利用外资金额为 103.48 亿美

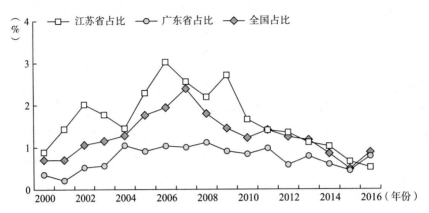

图 3 – 11　2000 ～ 2016 年江苏省与广东省实际利用非洲直接投资金额占全省比重

数据来源：历年《广东省统计年鉴》《江苏省统计年鉴》。

元，是广东省累计金额的 2.6 倍，继续保持了江苏省在外资工作中的独特优势（见图 3 – 12）。随着中国外贸逐步进入由数量增长转入质量提升的新阶段，两省利用非洲协议投资额不论从规模上还是增速上，都明显呈下降趋势。从历年利用非洲协议投资金额的规模来看，江苏省总体上呈现先快速发展而后波动下降的趋势。2005 ～ 2007 年，江苏省同非洲签订的协议投资金额均超过 10 亿美元。同时，2003 ～ 2010 年，江苏省协议利用非洲投资金额均超过了广东省所利用的最大非洲协议投资额。其中，2006 年，江苏省同非洲签订协议投资金额达到最大值 11.3 亿美元，同比增长 11.43%，大约是广东省协议利用非洲投资金额最大值的 2 倍。

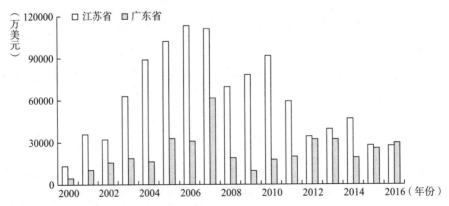

图 3 – 12　2000 ～ 2016 年江苏省与广东省协议利用非洲直接投资额规模

数据来源：历年《广东省统计年鉴》《江苏省统计年鉴》。

从协议利用非洲投资金额的变化情况来看，2000～2016 年，江苏省利用非洲投资金额按照高达 14.3% 的年均增速增长，但增速总体呈下滑趋势（见图 3－13）。其中，2001 年同比增长最快，为 169.40%；2012 年下降最快，同比减少了 42.56%。比较江苏省与广东省协议利用非洲投资金额，在 2006 年，两省相差最多，江苏省协议利用非洲投资金额为 11.3 亿美元，而广东省仅为 3.11 亿元，江苏省超过广东省两倍多。随后，江苏省与广东省协议利用非洲投资金额规模的差距不断缩小，尽管在 2009 年与 2010 年有了短暂的回升。直到 2016 年，江苏省协议利用非洲投资金额被广东省反超 0.18 亿美元，这也是江苏省连续多年领先广东省首次被超越。

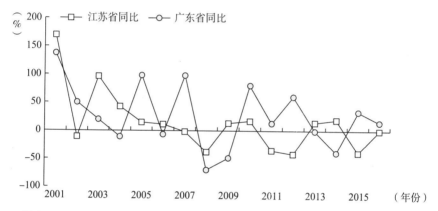

图 3－13　2000～2016 年江苏省与广东省协议利用非洲直接投资额同比增长率

数据来源：历年《广东省统计年鉴》《江苏省统计年鉴》。

从协议利用非洲投资占本省协议利用全部外资的比重来看，2000～2016 年，仅除去 2012 年和 2013 年，江苏省占比均超过广东省占比，这也反映了十多年江苏省在利用外资上具备的规模、质量和效益优势，但这种优势正面临着广东省的挑战（见图 3－14）。

（二）广东省吸引非洲投资结构分析

总体来看，无论是签订合同数，还是协议利用外资和实际利用外资额，投资来源的地区分布和投资数量分析，呈现集中分布在少数国家和地区的特点。非洲是当前世界政治经济格局中的重要一极，也是中国向西推进"一带一路"建设的重要方向和落脚点。"一带一路"建设将给中非合作发展，尤其是落实中非十大合作计划带来前所未有的新机遇。越来越多

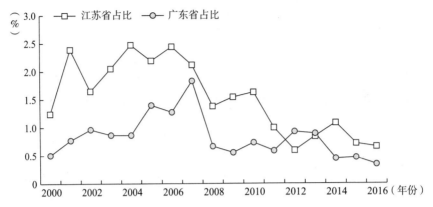

图 3 – 14   2000 ~ 2016 年江苏省与广东省协议利用非洲直接投资额占全省比重
数据来源: 历年《广东省统计年鉴》《江苏省统计年鉴》。

的非洲国家期待同中国对接 "一带一路" 合作倡议, 共同致力于政策沟通、设施联通、贸易畅通、资金融通、民心相通, 中非间合作潜力越来越大。作为中国的南大门, 广东省在 "一带一路" 建设中, 特别是中非合作发展中, 扮演着极为重要的角色。广东省与非洲国家的投资往来也日益密切。非洲国家对广东省直接投资, 从外资的流入量来看, 主要源于少数几个国家和地区。从投资来源地情况来看, 早在 20 世纪 80 年代开始, 非洲主要国家和地区已经进行了对广东省直接投资行动。

1. 从已获得的签订协议数看, 毛里求斯是广东省利用非洲资金的最主要来源地。

(1) 早在 1986 年, 利比亚开始同广东省签订了 1 个项目, 这也是最早同广东省签订合同的非洲国家。具体分析广东省与非洲签订项目情况: 截止到 2016 年, 毛里求斯累计与广东省签订合同 513 个, 占广东省累计与非洲国家签订合同数的比重为 35.77%, 排名第一; 塞舌尔与广东省累计签订 480 个, 比重为 33.47%, 排名第二; 埃及 97 个, 比重为 6.76%, 排名第三; 马里 63 个, 比重为 4.38%; 南非 25 个, 比重为 1.74%。其中, 排名前两名的国家和地区累计占广东省同非洲签订协议数的比重已经超过了 60%。上述 5 个国家和地区在非洲企业投资广东省中扮演着举足轻重的作用, 累计占比接近 80%。限于数据的取得, 其他国家和地区在 1979 ~ 2016 年, 累计对广东省投资签订项目数 246 个。

(2) 从广东省与非洲新签合同数的变化情况看, 已有数据显示, 1979 ~

2001 年非洲国家到广东省签订协议数，毛里求斯依然是排名第一，累计 63 个，占比达 68.48%；南非 8 个；另外，利比里亚在这 20 多年间也对广东省进行了投资，累计签订了 9 个项目（见表 3－2）。相较于 1979～2016 年数据，1979～2001 年总体数据比重较小，以毛里求斯为例，1979～2016 年相较于 1979～2001 年，广东省吸收毛里求斯签订项目数增长了 7 倍多。这主要是因为 2002 年起，为适应中国加入世贸组织的需要，更好地实施"外向带动"战略，增创综合投资环境新优势，广东省政府实施了一系列优惠政策来吸引外资，因而带来了非洲企业在广东省投资的快速发展。

表 3－2　1979～2016 年主要非洲国家与广东省签订协议数情况

单位：个，%

主要非洲国家	1979～2016 年	占比	1979～2001 年
马里	63	4.38	—
塞舌尔	480	33.47	—
埃及	97	6.76	—
毛里求斯	513	35.77	63
南非	25	1.74	8
利比里亚	10	0.70	9
其他国家及地区	246	17.15	—
合计	1434	100.00	92

注：数据来源于《广东省统计年鉴》。1979～2016 年利比里亚、南非与毛里求斯数据由作者收集累加得到；"—"表示数据缺失；其他国家和地区数据由已知数据相减得到。

2. 从改革开放 40 年来非洲国家对广东省协议投资的来源地国家和地区分布可以看出，毛里求斯居于对广东省投资的主导地位。

（1）1979～2016 年底，毛里求斯累计对广东省的协议投资额为 28.74 亿美元，占同期广东省协议利用非资总额的比重为 70.07%，排名第一；塞舌尔协议累计投资 8.39 亿美元，比重为 20.46%，排名第二。排名前两位的国家和地区累计占广东省协议利用非洲投资总额的比重超过了 90%，说明这两个国家在粤非投资往来中扮演着积极角色。其他非洲国家和地区对广东省协议投资的规模有限。具体来看，1979～2016 年，尼日利亚累计与广东省签订协议投资额为 7265 万美元，南非为 4469 万美元，埃及为 5599 万美元。这三个国家的占比均不高，分别为 1.77%、1.08% 和

1.37%。数据缺失部分的其他国家和地区累计协议投资额为 2.07 亿美元。

表 3-3 1979~2016 年主要非洲国家与广东省协议投资金额表现

单位：万美元，%

主要非洲国家	1979~2016 年	占比	1979~2001 年
毛里求斯	287374	70.07	15523
塞舌尔	83913	20.46	—
南非	4469	1.08	610
埃及	5599	1.37	—
尼日利亚	7265	1.77	—
利比里亚	849	0.21	842
其他国家和地区	20650	5.03	—
合计	410119	100	27559

注：数据来源于《广东省统计年鉴》。1979~2016 年利比亚、埃及与尼日利亚数据由作者收集累加得到；"—"表示数据缺失；其他国家和地区数据由已知数据相减得到。

（2）从广东省利用非洲协议投资金额的变化情况看，1979~2001 年，非洲国家在广东省协议投资额明显少于 1979~2016 年总额，仅有 2.76 亿美元。从已有数据可以看到，毛里求斯仍然是投资广州的主要非洲国家。另外，毛里求斯对广东省协议投资金额在 1979~2001 年仅为 1.55 亿美元，而 1979~2016 年总额为 28.74 亿美元，累计增加了 17.51 倍；除此以外，南非国家的数据也从 610 万美元增加到 4496 万美元，共增加了 6 倍多（见表 3-3）。这也反映了进入 21 世纪，特别是随着中国加入世贸组织，凭借着国家政策的扶持和自身毗邻港澳的区位优势，广东省吸引了越来越多的非洲国家投资。

3. 改革开放 40 多年来广东省吸收非洲实际投资金额来源国家和地区仍然呈现集中分布的特点。

（1）首先，从整体规模来看，毛里求斯对广东省实际投资投资额依然居于主导地位。1979~2016 年间，广东省累计实际利用毛里求斯直接投资额 20.11 亿美元，排名第一，占同期广东省累计实际利用非洲直接投资额的比重为 82.1%。广东省实际利用非洲直接投资金额排名靠前的国家还有塞舌尔，金额为 3.48 亿美元，占比 14.21%。其他非洲国家和地区对广东省的实际投资规模较小，仅为 9030 万美元，比重为 3.68%（见表 3-4）。

表 3 - 4　1979 ~ 2016 年广东省实际利用主要非洲国家投资表现

单位：万美元，%

主要非洲国家	1979 ~ 2016 年	占比	1979 ~ 2001 年
毛里求斯	201134	82.1	11488
塞舌尔	34811	14.21	—
利比里亚	2504	1.02	2473
马达加斯加	207	0.08	207
其他国家和地区	6319	2.58	—
合计	244975	100	18126

注：数据来源于《广东省统计年鉴》。"—"表示数据缺失；其他国家和地区数据由已知数据相减得到。

（2）从广东省实际利用非洲主要国家投资金额规模的变化情况看，1979 ~ 2001 年，广东省实际利用毛里求斯直接投资累计金额为 1.15 亿美元，而 1979 ~ 2016 年金额为 20.11 亿美元，规模增长了 16.5 倍，说明 2002 年以后，广东省实际利用非洲直接投资的规模进入快速发展时期，包括利比里亚在内的其他非洲国家和地区投资规模都有所增长。从广东省吸收非洲直接投资的来源地分布结构来看，不论是签订协议数，还是协议投资额与实际投资额，排名靠前的国家都是大体一致，均为毛里求斯和塞舌尔等国。来自其他非洲国家和地区的外商对广东省实际投资所占比重仍然偏低。

二　广东省对非洲投资

（一）改革开放 40 多年来广东省对非洲投资概况

中国提出"一带一路"倡议，推进国际产能和装备制造合作，努力推动亚欧非各国互利合作迈向新的历史高度。中国对非投资从 2000 年不足 10 亿美元，增长到 2015 年超过 23 亿美元，2016 年，中国对非投资项目数猛增 106%[①]。中国在非洲个人企业已经超过 3100 家，当前中非关系的广度和深度前所未有，中国同绝大多数非洲国家的关系处于历史最好水平，中非合作提质增效、转型升级取得积极进展，合作共赢共同发展展现出更

————————

① 数据来源于安永最新发布的《非洲投资吸引力报告》。

加光明的前景。来自商务部的数据显示，2009 年，中国超过美国成为非洲最大的贸易伙伴并保持至今，2016 年，中国已经成为非洲第三大投资国。作为 2006 年中非合作论坛北京峰会对非务实合作八项举措之一，中非发展基金成立于 2007 年 6 月。截至 2017 年 4 月，中非发展基金已累计确定对 90 个非洲项目承诺投资 44 亿美元，涉及基础设施、产能合作、农业民生和资源开发等领域①。

广东省作为古代海上丝绸之路的起点之一，历来重视对外贸易；如今作为"一带一路"建设的战略枢纽、经贸合作中心和重要引擎，广东省在中非经贸往来中发挥着越来越重要的作用，希望在此基础上进一步加大与非洲各国在贸易投资、农业、旅游等领域的合作，推介更多有实力的广东省企业走进非洲，参与当地矿产资源开发、基础设施建设等。非洲正在加快工业化的步伐，加大劳动密集型制造业发展，加大对于制造业的投资与人员培训和科技发展，不断提升非洲的投资环境，而这些领域恰恰是广东省企业对外投资的优势所在。非洲的经济转型和社会发展对于广东省企业来说，有着非常多的机遇。加强粤非合作，加快推动广东省企业走进非洲，积极融入国家开放战略，意义重大。

1. 广东省在非投资项目规模情况：起步较晚，总体规模较小

截止到 2016 年底，广东省企业累计在非洲投资项目 208 个，中方协议投资金额累计超过 18.3 亿美元。② 自 2000 年以来，中非合作论坛成为中非经济合作的重要平台，非洲逐步成为中国企业投资的热土，也是广东省企业"走出去"开展境外投资的重要地区。广东省贸促会于 2013 年底发起广东省企业"走进非洲"的倡议，并多次举办各类经贸研讨会、投资推介会、经贸对接等经贸促进活动，引导和支持更多的广东省企业到非洲投资发展。广东省、非洲不断加强经贸合作、互利互赢，粤非投资合作正在迈入快速增长的新阶段。越来越多的广东省企业走进非洲开展投资合作。

具体分析广东省企业在非洲的直接投资规模。2015 年，广东省在非洲设立项目 28 个，新签承包工程合同金额 42.89 亿美元，完成营业额 45.15

---

① 《中非发展基金对非承诺投资超 44 亿美元》，http：//www.cdb.com.cn/xwzx/khdt/201706/t20170627_4379.html.

② 数据来自在广州举行的中非投资论坛。

亿美元,新增协议投资额 5.1 亿美元,实际投资 7303 万美元;2016 年 1 月至 6 月,广东省新增对非投资项目 18 个,中方协议投资金额 1.4 亿美元,广东省在非洲承包工程新签合同额 22.4 亿美元,完成营业额 16.9 亿美元[①]。

接着来看广东省企业投资非洲的变化情况。2015~2016 年,广东省在非洲新投资项目从 28 个增长到 32 个,累计增加 4 个,同比增长 14%(见表 3-5),涉及工程建设、制造业、服务业、矿业、农业及基础设施建设等众多领域。

表 3-5 2015 年、2016 年广东省对非投资情况

	项目个数(个)		对外直接投资额流量(万美元)	
	2015 年	2016 年	2015 年	2016 年
加纳	1	2	4217	841
肯尼亚	2	3	452	822
塞舌尔	5	8	1539	530
广东省对非洲直接投资	28	32	7303	3509
广东省对外直接投资	1559	1429	1064509	2068424
全国对非洲直接投资	—	—	297792	239873

注:《中国统计年鉴》未提供全国对外直接投资项目数统计情况。

数据来源:《广东省统计年鉴》《江苏省统计年鉴》《中国统计年鉴》。

2. 广东省在非实际投资金额近两年波动较大,总体规模较小

广东省企业新增对非洲直接投资金额从 7303 万美元减少到 3509 万美元,同比下降超过 100%。(2)从广东省投资非洲在全省对外直接投资中的地位来看,2015 年,广东省企业在非洲新设项目数占同期广东省对外直接投资额的比重为 1.7%;2016 年,该比重出现小幅上升至 2.2%。(3)对外直接投资金额占比方面,2015 年,广东省共计新增对非实际投资 7303 万美元,占同期广东省新增全部对外实际投资金额的比重为 0.69%,占同期全国对非洲直接投资金额的比重为 2.45%。2016 年,广东省对非洲实际投资大幅减少到 3509 万美元,占同期广东省全部对外直接投资的比重为 0.17%,占同期全国对非洲直接投资的比重为 1.46%。总体来看,不论是

---

① 《广东企业大步走进非洲突出互补优势形成产业链条》,http://district.ce.cn/zg/201611/11/t20161111_17715902.shtml.

相较于全省对外直接投资，还是全国对非洲直接投资，广东省对非洲的投资占比均不高，这也反映了粤非经贸往来仍在存在广阔的发展空间，广东省企业与非洲的互补优势还未发挥出来。

3. 各大机构积极支持广东省企业走进非洲

为进一步促进对非洲投资合作伙伴关系，积极支持中国企业参与非洲国家经济发展和重大项目建设，中非双方开始联合举办对非投资论坛，旨在促进双方共同发展。到非洲去拓展新的市场，敢为人先的珠三角企业在其中扮演着重要角色。第二届"对非投资论坛"于 2016 年 9 月在广州召开，开幕式上，广东省与埃及、南非、埃塞俄比亚、乌干达、塞拉利昂、加纳、刚果（金）等 7 个非洲国家签署了 9 个重点经贸投资项目合作协议，协议金额 25.58 亿美元，涉及航空、电力、汽车制造、陶瓷、纺织服装、渔业等领域①。闭幕后，非洲来宾还赴广州、佛山和东莞进行参观考察，实地交流经验。

在合作平台（产业园区）方面，尼日利亚奥贡广东自由贸易区，是我国首批获得中国政府批准的 8 个境外经贸合作区之一②。广东省金融机构也积极支持粤非投资合作。2011～2015 年，中国出口信用保险广东分公司为广东省企业承保了 4 个海外投资项目，涉及总保险金额为 1.46 亿美元，保额为42.6 万美元。埃及银行也拟在广州设立代表处，具体事宜正在商洽中。③

4. 比较江苏省与广东省在非洲投资情况

在"一带一路"倡议下，同样作为开放大省的江苏省大力推进建设开放型经济，江苏企业纷纷踊跃"走出去"。与以往单向的产品输出不同，江苏企业开始探索海外产业园新模式。江苏企业不断实现从单纯接受国外资本、技术、产业转移到双向投资，带动了优势制造和优势设备的投资出海。国家鼓励过剩产能"走出去"，搭乘政策的顺风车，江苏省加快了走进非洲的步伐，有针对性地引导省内机械、纺织、建材等优势产业前往南

---

① 数据来源：《第二届对非投资论坛在广州开幕》，http：//gd. people. cn/n2/2016/0908/
c123932 – 28971759. html.

② 数据来源：《尼日利亚广东经济贸易合作区》，http：//www. mofcom. gov. cn/article/i/jyjl/k/
201807/20180702764545. shtml.

③ 数据来源：《广东常住非洲籍人口有 4516 人 民企到非洲投资多》，http：//gd. sina.
com. cn/news/b/2016 – 08 – 31/detail – ifxvixeq0781108. shtml.

部非洲投资设厂，转移成熟技术，加工制造适合本地及周边国家市场的产品，进一步提升与非洲产业合作水平。随着中国人口红利逐渐退去，非洲地区的发展中国家人口红利优势开始显现，低价的人力成本、物价成本，成为江苏企业去非洲投资的又一动因。2015 年 6 月，南共体和东共体、东南非共同市场三方签署自由贸易协定，决定建立涵盖 6.25 亿人口、占全非经济总量 58% 的巨大统一市场，在经济一体化进程中走在非洲前列。南部非洲是非洲局势最稳定、发展条件最好、发展水平最高的地区。江苏省和南部非洲互补优势明显，发展阶段衔接，江苏省的优势产能可以为南部非洲工业化提供良好助力。

（1）在非洲直接投资新批项目数方面，江苏省领先于广东省。如图 3 - 15 所示，在总体规模上，2000 ~ 2016 年，江苏省在非洲的投资项目累计达到 389 个，较广东省多 181 个新批项目。非洲是江苏省最重要的海外承包工程市场之一，近 5 年来，江苏企业在非洲签订了超过 391 亿美元的工程合同，完成了 364 亿美元营业额。[①] 从具体年份来看，2015 年，江苏省新增对非投资项目 41 个，增加到 2016 年 55 个，增长率为 34%；而广东省新增对非投资项目从 2015 年到 2016 年仅增加 4 个，增长率为 14%。

从江苏省投资非洲新设项目的变化情况来看，总体上，保持了增长态势，但增长率波动较大。江苏省在非洲的投资项目增加最多的年份是 2011 年，同比增加 46.43%，创历史最高，除此以外，增加较多的年份还有

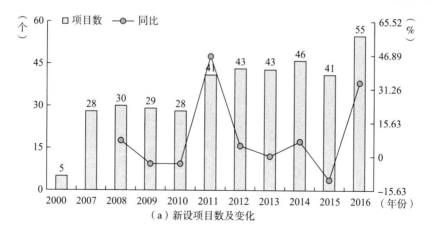

（a）新设项目数及变化

---

① 数据来源：https：//www.toutiao.com/i6290399958336012801/。

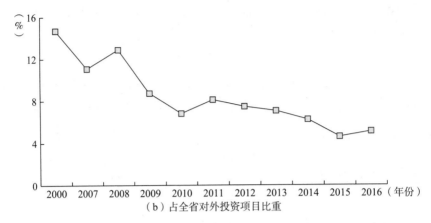

（b）占全省对外投资项目比重

图 3-15　江苏省在非洲直接投资新批项目数表现（2000～2016 年）

2016 年，相较于 2015 年增加了 34.15%。江苏省在非洲的投资项目下降最多的年份是 2015 年，较上年减少了 10.87%。从江苏省在非洲的投资项目占全省对外投资项目的比重来看，呈现不断减少趋势。2000～2016 年，所占比重从 14.71% 降为 5.15%。

（2）在同非洲签订协议投资金额方面，江苏省远远走在广东省前面。1979～2016 年，江苏省投资非洲，协议投资 39 亿美元，超过同期广东省协议投资非洲金额。从江苏省协议利用非洲投资的变化来看，规模有了较大发展，总体上保持了增加趋势。其中，增加最快的年份是 2011 年，同比上年增加 1 倍多。江苏省对非洲协议投资金额占全省的比重随着年份的增加而不断减少，说明江苏省对非洲投资的优势开始下降（见图 3-16）。

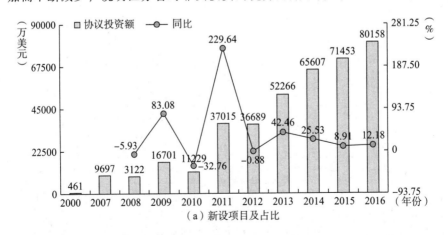

（a）新设项目及占比

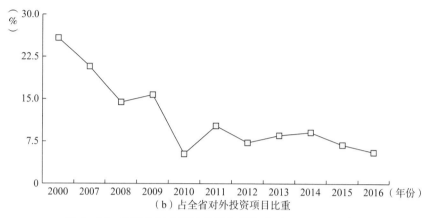

（b）占全省对外投资项目比重

图 3 - 16　江苏省对非洲协议投资额表现（2000 ~ 2016 年）

（二）广东省对非投资结构分析

1. 从整体规模来看

广东省对非洲投资项目集中分布在少数国家；江苏省对投资地的选择更加多元化。现对改革开放 40 年来广东省投资非洲的国家和地区分布进行分析。从历年新批项目数来看，2015 年，广东省在加纳、肯尼亚和塞舌尔分别投资了 1 个、2 个、5 个项目，合计占广东省对非洲设立项目数的比重为 17%。2016 年，广东省对加纳、肯尼亚、塞舌尔三个国家分别投资了 2 个、3 个、8 个项目，合计占全省比重为 40%。相较于广东省，江苏省对投资地的选择更加多元化，江苏省对非洲许多国家和地区均进行了投资2015 年与 2016 年，江苏省在非洲新设项目数排名靠前的国家有埃塞俄比亚、坦桑尼亚、阿尔及利亚、赞比亚、尼日利亚等国家。

表 3 - 6　江苏省投资非洲签订项目情况

	2000 年	2007 年	2008 年	2009 年	2010 年	2011 年	2012 年	2013 年	2014 年	2015 年	2016 年
江苏对非投资	5	28	30	29	28	41	43	43	46	41	55
阿尔及利亚		1		1	1	2	1	2	1	2	5
安哥拉			1	6	2	2	2	2	4	2	1
喀麦隆				1			3	1	2		
乍得									1		
刚果			2	1					2		3
埃及		2		2	3		1	3	1		1
赤道几内亚		1		1		1			2	2	1

续表

	2000年	2007年	2008年	2009年	2010年	2011年	2012年	2013年	2014年	2015年	2016年
埃塞俄比亚		4	3	3	4	9	3	3	5	5	19
加纳	1										
加蓬		3		1	1		1		2		
几内亚		1	1			2		1		2	
利比亚		2	1								
马达加斯加		1	2								
肯尼亚					1	5	1	2	4	3	2
毛里塔尼亚		1			1	1	1		1		
毛里求斯		1	1	2	2		2	1			
莫桑比克	1					1		2	2	5	1
纳米比亚			1	1	1	1	1	1		1	1
尼日利亚		3	6	2	4	1	6	4	1	6	3
塞内加尔						1			1		
塞舌尔								1	3	4	1
南非	2	2	3	2	1	4	6	7	4	1	
苏丹			2			1	2		1		
坦桑尼亚	1	2		1	1	1	1	7	6	3	6
乌干达						1	1	1			
赞比亚		2	1	1	2	5	1	2	1		4
津巴布韦						1	1	1	1		3

2. 广东省与江苏省对非投资结构对比

广东省在非洲国家加纳、肯尼亚和塞舌尔的投资项目要多于江苏省。2015年，广东省对加纳、肯尼亚和塞舌尔投资的项目数分别为1个、2个、5个，共计8个；江苏省分别为0个、3个、4个，共计7个，占江苏省对非洲国家投资项目的比重为12.7%。2016年，广东省在上述三个国家分别投资了2个、3个、8个项目，合计13个；江苏省分别为0个、2个、1个，合计仅3个，占比仅为5%。

2015年，江苏省主要对非洲国家尼日利亚、埃塞俄比亚和莫桑比克进行了项目投资，分别设立项目6个、5个、5个，合计占全省对非投资设立项目的比重为39%；2016年，江苏省对埃塞俄比亚投资了19个项目，对坦桑尼亚投资了6个项目，对阿尔及利亚投资了5个项目，合计占全省对非投资项目的比重为54.54%。

第四章
粤非政府经贸往来40年

一 粤非政府经贸往来概述

根据广东省商务厅统计数据，改革开放以来截至2016年，广东省累计实际利用非洲直接投资21.49亿美元，合同利用非洲投资36.46亿美元，在非洲累计设立项目企业1234家。2014年广东省在非洲核准新设企业21家，新增中方协议投资额7.65亿美元，占全国对非直接投资的19.1%；对非承包工程新签合同额29.55亿美元，完成营业额28.31亿美元，涌现了一批走进非洲、与当地合作共赢的典型企业。2016年广东省与非洲进出口贸易额达361.5亿美元，约占中非贸易总额的1/4。同年，广东省在非洲设立项目32个、中方协议投资额53.2亿美元、中方实际投资2826万美元。2017年1月至7月，广东省在非洲设立项目11个，中方协议投资额2.8亿美元、中方实际投资3611万美元。改革开放40多年来粤非经贸取得的重大进展，与双方政府间的经贸合作息息相关。

商务部资料显示，与我国改革开放40多年步伐相比，粤非政府间经贸合作的发展是更为晚近的事情。尽管"走出去"战略于2000年启动，但对粤非政府间经贸合作的促进作用，无论是对非贸易还是对非投资，都等到2005年左右才逐渐显现。当然，这也与整个中非关系，特别是中非论坛的发展是密切相连的。广东省对非贸易和投资均大致经历三个发展阶段，且两者的发展节奏高度重叠，也充分说明贸易与投资的内在关联。第一阶段，20世纪90年代中后期，"走出去"战略实施前的相对不活跃时期；第二阶段，1997～2005年相对短暂的蓄力期；第三阶段，2006年后快速发展时期。尽管发展迅速，但需要指出的是，对非贸易发展快速但极不平衡，总体水平低且贸易对象相对集中，贸易结构失衡，且存在诸多潜在问题。

粤非政府在经贸领域的合作成果通过粤非贸易和投资数据可见一斑。广东省对非贸易与对非投资的数据来源主要是两个方面：就对非贸易而言，主要根据广东省统计年鉴数据；就对非投资而言，广东省统计年鉴中所显示的数据相当不完整，因此以商务部《境外投资企业（机构）名录》为主加以分析，考察时段是从商务部开始审批对外投资项目开始。总体而言，在中非关系的早期，特别是在 20 世纪 90 年代中后期"走出去"战略实施之前，中非关系中的地方对外经贸活动事实上不够活跃，对外贸易、对外投资、对外工程承包和劳务输出很大程度上都是对外经济技术援助的附属品；换句话说，当时地方对外经贸活动主要是围绕对外经济技术援助展开的，因而总体上仍是自上而下的。但自"走出去"战略全面实施后，地方政府及非政府行为体的经济动机得到充分释放，参与中非合作的地方行为体越来越多，且多是为了抓住非洲的重要商机，这推动了中非关系中地方经济合作的全面发展；地方外贸、投资及工程承包和劳务输出很大程度上与对外经济技术援助相分离。地方对外经贸活动的全面发展既有力地推动了中非关系的全面发展，也带来了诸多困扰，比如低水平的内部竞争，与非洲当地的文化、习俗冲突，以及潜在的海外利益保护困难等。

2015 年 12 月，国家主席习近平在中非合作论坛约翰内斯堡峰会上宣布将中非关系提升为全面战略合作伙伴关系。中非双方领导人共同绘制了中非关系发展的新蓝图，开启了中非合作共赢、共同发展的新时代，在中非关系发展进程中具有里程碑意义。自峰会召开以来，中非双方政府紧密协作，克服全球经济低迷的不利影响，就落实峰会成果达成一系列共识，取得了看得见、摸得着的成果，展现出中非合作发展的勃勃生机，中非合作发展迎来了新的历史机遇。

二 粤非政府经贸往来主要领域

广东省是非洲的重要经贸伙伴，双方贸易额占全国贸易总额的 20% 左右，并保持较大的顺差。非洲是"一带一路"的重要节点，也是中国推进"一带一路"建设的重要方向和落脚点。广东省作为"21 世纪海上丝绸之路"起点省份之一，历史上就与非洲有着良好的人员往来和贸易联系。在"一带一路"建设中，广东省在中国与非洲的交流合作中有着明显的区位优势。近年来，粤非政府就加强双边贸易投资合作不断达成新共识，合作领域进一步拓展。双方合作已延伸至科技、农业、金融和旅游、矿业、可再生能源等多个领域。广东省已将非洲作为广东省产业海外投资的优先目的地，鼓励和支持省内大型装备制造业等优势产业赴非洲参与工业化进程。当前，粤非双方正在共同推进跨境本币结算和互换等金融合作、核电合作，以及推动开展非洲区域航空合作等事项。广东省正致力于支持非洲提高工业化水平和加强基础设施建设，特别是推动非洲互联互通和区域一体化发展。

实践证明，粤非政府间经贸合作机制充分发挥市场经济的引领和统筹作用，协调推动双边经贸合作中的重大问题和重点项目。具体体现在通过建立和完善双边合作机制，粤非双方聚焦落实领导人达成的经贸领域合作共识，具体对接经济发展规划，共商重点合作项目和重大事项，推动在多个合作领域取得一批务实成果；为粤非产能合作搭建新的平台；为在粤企业参与非洲经济一体化进程搭建新的平台。

广东省各级政府通过牵头组织各类经贸活动，展示、宣传非洲国家的传统优势商品，帮助非洲国家企业开拓广东省市场，扩大中国从非洲国家的进口，促进粤非贸易平衡发展。主办方还通过为非洲国家参展商提供免费展位以及商品通关和运输的便利以达到互信互利。

三　粤非政府经贸往来重点事件介绍及分析

（一）积极参与和主办对非投资论坛

2015 年 6 月，由世界银行、国家开发银行、埃塞俄比亚政府、中非基金和联合国工业发展组织联合主办的第一届对非投资论坛在亚的斯亚贝巴举行；2016 年 9 月，由广东省人民政府、国家开发银行和世界银行联合主办的第二届对非投资论坛在广州成功举办。此次论坛是落实习近平主席提出的中非全面战略合作伙伴关系下"十大合作计划"的重要举措，也是广东省积极参与"一带一路"愿景与行动、加快推进国际产能合作、实现经济转型升级的重要契机。论坛吸引了非洲 38 个国家 160 多人参会。同时，联合国非洲经济委员会、联合国工业发展组织、国际农业发展基金会等 7 个国际和区域组织派员参会，还有商界代表、专家学者等，会议规模近 300 人。通过深入推进与非洲各国的沟通对接，本届论坛取得实实在在的成果。

一是达成了一批新的合作共识。论坛上，粤非两地政府官员、企业代表、专家学者深入交流，从政策措施、投资实践、金融支持等多维度分享了双方的发展历程和发展经验，形成了抢抓"一带一路"建设机遇、落实中非合作论坛约翰内斯堡峰会成果和 G20 杭州峰会精神、务实深入推进粤非投资合作的强烈共识。

二是增进了非洲各国对广东省的了解和与广东省合作的信心。论坛期间，广东省方面向非洲嘉宾介绍本省发展及对非投资情况，组织系列经贸投资合作推介活动，举办"广东名优产品展示"活动，进一步增进了非洲各国对广东省的了解，扩大了广东省在非洲的知名度和影响力。同时，也进一步增进了广东省政企有关方面对与会非洲各国的了解，增强了双方投资合作的信心。

三是完善了对非投资合作框架。论坛期间，广东省政府和中国国家开发银行签署了促进广东企业对非投资战略合作备忘录，对更好地推动广东省企业走向非洲提供强有力的金融支持。组织开展"广东对非投资合作背景、重点和对策建议"课题研究，深入研究非洲市场，提出了合作重点和相关政策建议。广东省对非投资合作的政策体系、金融支持、平台建设等框架进一步明晰。

四是签订了一批合作项目。本届论坛以务虚务实结合的方式进行，广东省一批企业与埃及、南非、埃塞俄比亚、乌干达、塞拉利昂、加纳、刚果（金）7 个非洲国家签约 9 个项目，协议金额 25.58 亿美元。

（二）全方位多层次推动粤非合作进入新阶段

首先，友城关系发展进入新阶段。近年来，广州与非洲津巴布韦的哈拉雷市、摩洛哥的拉巴特市、南非的德班市建立了友城关系，2015 年东莞与埃塞俄比亚的亚的斯亚贝巴市签订了友城备忘录。省政府代表团近期访问坦桑尼亚，大力推动与该国达累斯萨拉姆省发展友城关系。2017 年，广东省与埃及亚历山大省、南非夸纳省已经结为友好省。广东省与纳米比亚埃龙戈省、赞比亚卢萨卡省签署了建立友好合作关系备忘录，成为准友城。其次，搭建了一系列合作平台。东方工业园是中国民营企业在埃塞俄比亚投资兴建的首个工业园区，目前已经被列为埃塞工业发展计划中重要优先发展的国家级项目。广东省贸易促进会积极筹办中国广东 – 坦桑尼亚双边企业经贸合作洽谈会，为粤埃、粤坦两地企业交流合作提供平台。最后，一批合作项目积极推进。目前，湛江港和达累斯萨拉姆港合作项目、省机场管理集团公司与埃塞俄比亚航空公司合作项目等正积极推进，为广东省"一带一路"建设提供项目支撑。

（三）开拓中小企业合作机会

2017 年 10 月，第十四届中国国际中小企业博览会在广州举行。南非作为本届中博会的联合主办国，与广东省的中小企业共商合作机会，共谋发展大计，鼓励非洲各国以"中博会"为平台，到广东省挖掘合作机会，促进两地共同发展。

（四）加强教育、文化和青少年交流

中山大学与南非开普敦大学签署了关于师生交换、科研合作的合作协议。暨南大学与南非罗德斯大学签署学术交流协议等。中山大学、暨南大学、广东外语外贸大学与非洲国家高校合作，共建南非开普敦大学孔子学院、南丰罗德斯大学孔子学院和佛得角大学孔子学院。非洲来粤留学的学生数量快速增长，双方在教育领域合作成效显著。2016 年 8 月，由中国外交部、中国人民对外友好协会等部门主办的"2016 中非青年大联欢"活动在广州举行。该活动旨在落实中非合作论坛约翰内斯堡峰会成果，加强中非青年交流、增进中非青年友谊。

当前，广东省经济发展进入新常态，处于全面深化改革、加快转型升级的关键时期，正大力实施创新驱动发展战略，积极参与"一带一路"建设，推进更高水平对外开放。非洲是当前世界政治经济格局中的重要一极，也是"一带一路"建设的重要方向和落脚点，与广东省互补性强，合作前景广阔。广东省将以地方友好合作平台为依托，努力在更高水平、更广领域、更大舞台上推进与非洲的互利合作，将习近平主席与非洲各国元首达成的共识转化成看得见、摸得着的成果。中非关系进入历史最好时期，面临着前所未有的发展机通，这为地方政府间进一步开展全方位交流

合作提供了良好契机，开展广东省与非洲的合作可谓是天时地利人和。鉴于此，双方政府间的经贸合作方向建议如下。

1. 加强双方在经济特区、临港工业园、基础设施建设等领域的互利合作

2016 年 9 月，在中国举办的二十国集团杭州峰会上，中方倡议二十国集团支持非洲和最不发达国家工业化进程。广东省正积极参与"一带一路"建设，特别是"21 世纪海上丝绸之路"的建设，并愿以此为契机，同非洲各国加强在经济特区、临港工业园以及其他基础设施建设等领域合作。广东省经过 30 多年的改革开放，在发展经济特区和临港工业园区建设方面积累了许多经验，可与非洲国家交流互鉴。同时，我们鼓励更多有实力的广东省企业积极参与非洲临港工业园、经济特区、基础设施建设，促进两地共同发展。同时，非洲最大自由贸易区启动，对广东省企业走进非洲是重大利好。2015 年 6 月 10 日，非洲 26 个国家将现有的三大自贸区——南部非洲开发共同体（SADC）、东非共同体（EAC）及东部和南部非洲共同市场（COMESA）整合为大自由贸易区（TFT）。整合之后的自贸区占整个非洲经济总量的 1/2，惠及人口超过 6.25 亿人。非洲自贸区将实施统一的关税和优惠政策，使货物、服务、投资商业成本大大降低，并促使非洲增加投资、发展跨境基础设施建设等，这将给广东省企业，特别是民营企业带来巨大的商机。

2. 加强双方在农业、渔业领域的交流与合作

非洲农业资源丰富，但农业技术落后。非洲海岸线长，拥有丰富的渔业资源。广东是农业、海洋大省，农业生产技术先进，在农产品加工、农业机械制造、水产养殖等领域有丰富的经验。双方在农业、渔业领域存在广泛的资源禀赋差异性和发展阶段梯度性，有着广阔的合作空间，可从农渔业技术交流、农机出口、良种推广、产品加工、人员培训等方面着手开展合作。

3. 加强双方互联互通，促进人员往来

广东省是中国的南大门，广州白云国际机场已开通到达世界五大洲共200 多个目的地的国际航线。广东省在互联互通建设领域具有技术、人才和资金等方面的优势，双方加强合作互补性强，前景广阔。广东省将以推进"21 世纪海上丝绸之路"建设为重要契机，增加集装箱国际班轮航线，开通更多空中直航航线，积极与非洲国家开展互联互通建设，促进两地人

员往来。

4. 加强在医疗卫生领域，尤其是中医药领域合作

非方《2063 年议程》提出了完全遏制埃博拉等传染病和热劳斯、大幅减少非传染性疾病发病率、将非洲人民的人均寿命提升至 75 岁以上的发展目标。广东省医疗水平发达，在治疗非洲常见的疾病如疟疾、霍乱等方面经验丰富。双方在医疗领域合作前景广阔。2017 年 5 月，来自埃塞俄比亚的谭德塞博士当选世界卫生组织新任总干事，成为世卫组织自 1948 年成立以来首位来自非洲地区的总干事。他的当选对提高发展中国家卫生事业水平具有积极意义。同样在 2017 年 5 月，广东公共外交协会与广东省中医院、广东外语外贸大学非洲研究院共同举办"让中医药走进非洲"体验活动，非洲驻穗总领馆总领事以及官员出席活动，亲身体验了针灸、刮痧、拔罐、按摩等多项中医特色疗法和适宜技术，取得良好效果。广东省拥有广州中医药大学、广东省中医院等医疗机构，双方可以加强在中医药领域的务实合作，造福非洲人民。

5. 加强双方在旅游、友城交往领域的交流与合作

非洲旅游资源丰富，其自然地理环境和历史文化景观具有独特性。非洲还是人类文明最早的发源地之一，对于外国游客有很强的吸引力。广东作为中国的旅游大省，每年出境游旅客总数超过 700 万人次。双方旅游合作前景广阔。希望双方依托友城平台，促进广东省与非洲国家地方政府间在更多领域开展务实合作，造福两地人民。

6. 加强粤非高层经贸交往

粤非高层之间加强互访，有助于加深双方了解，巩固合作基础，同时有利于建立多层次的协商机制，经常就重大合作问题和双边关系进行磋商，争取达成共识，在利益趋同下共同应对各类挑战。但国际上并不是所有人都愿意看到中非关系快速发展，一些人仍然用"冷战"思维来看待中非关系，对我国的对非政策进行攻击和诋毁，给中非合作的健康稳定发展造成干扰。尽管国际局势、非洲局势以及广东省的情况在不断发生变化，但长期保持良好的合作关系符合粤非发展的共同利益。因此，在复杂多变的国际政治经济局势下，粤非高层应一如既往地发展友好合作关系，使之成为发展双方经贸关系的重要保证。在注重加强粤非高层交往的同时，要更加重视推进与非洲民间组织、媒体智库等的交流与合作。

7. 推进经贸合作转型升级

广东省在非企业仍较多集中在贸易、工程承包等领域，一定程度上出现与非洲人争利现象，导致双方摩擦增多。而在物流、电力、能源、航运等领域，以及管理、运营等核心经营环节，广东省企业涉足不多，从长远看不利于广东省企业竞争力的提升和可持续发展。因此必须优化粤非经贸结构。一是应尽量避免广东产品对非洲当地民族工业产生冲击。要加快广东省产品的升级换代，主动引导企业由生产粗放型、低附加值型产品向生产高附加值、高技术含量的产品转变，也为非洲国家的同类产业让出一定的生存空间，达到协同发展的目的。二是为了避免粤非双边贸易摩擦，要鼓励和引导广东省有优势的企业到非洲国家进行投资办厂，将具有较强竞争力、在当地有一定市场的制造业转移到非洲，这样既可以增加非洲当地的就业机会，又解决了贸易摩擦问题。三是在同等条件下要积极扩大从非洲国家的进口，为非洲国家的经贸发展争取更加公平、合理的国际环境。为了扩大从非洲国家的进口，可以探索对从非洲最不发达国家进口的商品实施免关税待遇，以此鼓励非洲国家向广东省的出口。四是对非合作中既要加强与非洲在基建、农业、制造业等领域合作，也要重视与非洲在医疗、教育等民生项目上的合作。

8. 加强教育、文化和青少年交流

青年代表着中非友好的未来，是中非各领域交流合作发展的生力军。广东省与非洲应进一步加强青少年之间的友好交流，不断加深相互理解和友谊，共同推动中非友谊的大船驶向美好的明天。

9. 加强对企业的政策指导

当前国际政治经济环境已发生了深刻的变化，广东省对非洲的贸易政策也应做出相应调整，针对不同国家和地区采取有差别的国别政策，以适应不同国家市场的变化。广东省相关部门还应采取适当的措施，帮助广东省企业了解非洲市场的特点以及非洲国家的政策法规、文化习惯、宗教信仰以及社会需求等因素，在贸易投资过程中要尊重各国的习惯和风俗，尽量满足其市场需求。在开展贸易之前，企业还应事先进行市场调查，聘用当地管理人员管理地方分公司，这样才能更好地管理企业，从而减少广东省出口企业在非洲市场上的风险。

为了维护粤非的正常经贸关系，还要整顿和规范广东省中小企业特别是民营企业在非洲的竞争行为，对于故意扰乱出口市场、低价倾销的企业要给予严厉查处，引导广东省企业走良性发展的道路。在此基础上，还需制定一些行之有效的政策法规，为粤非经贸活动营造一个健康有序的环境。

四　粤非政府经贸往来大事记①

（一）粤非政府间促进投资活动

2004 年 10 月，中国广东省投资情况介绍会在阿尔及利亚成功举办

10 月 13 日，由广东省对外贸易经济合作厅主办、阿尔及利亚参股投资部协办的"中国（广东省）- 阿尔及利亚投资情况介绍会"在阿举行。介绍会之前举行了广东省与阿尔及利亚企业签约仪式，协议项目共计 8 个，涉及投资合作、工程承包、贸易进出口等多个领域，总金额共计 1.96 亿美元。

2009 年 2 月，西非贝宁维达市市长来粤推介吸引广东省企业走进非洲

2 月 20 日下午，西非贝宁共和国维达市市长一行到访广州。时任广东省贸促会会长陈文杰会见了贝宁共和国维达市市长，双方就贸易往来交换意见和建议并达成共识，广东省近三十家企业参加了此次座谈会。多家企业表示对西非有投资意向，维达市的零关税、低税费等优惠政策，为正在转型期的中国制造业带来了"走出去"的更多保障。

2015 年 10 月，广东省成立非洲投资贸易联盟

时任广东省政府副秘书长刘晓捷表示，希望把非洲投资贸易联盟建成一个企业服务平台，积极促进对非投资，引导和支持广东省更多的企业到非洲投资发展。

近年来，广东省、非洲不断加强贸易合作，2003 年至 2012 年广东省对非洲进出口贸易总额从 28.19 亿美元上升至 413.87 亿美元，增长约 14 倍。广东省贸促会于 2013 年底发起广东省企业"走进非洲"，成功举办各类经贸研讨、投资推介、经贸对接等经贸促进活动多场，刚果共和国总统、埃塞俄比亚总理和非洲国家的国会参议员、部长、省长、郡长及驻华

---

① 资料来源于广东省政府、省外办、省贸促会等官方网站。

大使、驻穗总领事等 50 多位政要出席，粤非企业超过 1000 家参加了上述活动，推动了一批广东省产品非洲营销中心的建立和电商平台在对非投资贸易中的应用。

2016 年 9 月，第二届对非投资论坛在广州召开

2016 年 9 月 7～8 日，为期两天的第二届对非投资论坛在广州召开。论坛由广东省人民政府、国家开发银行和世界银行联合主办，主题是"分享投资促进经验，共创中非合作未来"，吸引了非洲 38 个国家 160 多人参会，联合国非洲经济委员会、联合国工业发展组织、国际农业发展基金会等 7 个国际和区域组织派员参会，还有商界代表、专家学者等参加了论坛。

2016 年 9 月，广东省商务厅、广东省财政厅承办对非投资推介会

在第二届对非投资论坛召开之际，由广东省人民政府、国家开发银行、世界银行联合主办，广东省商务厅、广东省财政厅承办的对非投资推介会于 9 月 8 日下午在广州白天鹅宾馆成功举行。非洲地区、国际与区域组织嘉宾及企业代表、国内嘉宾及企业代表共 300 多人参加了推介会。

（二）粤非政府间促进贸易活动

2001 年 6 月，广东省政府在南非约翰内斯堡举办"2001 年中国广东省（非洲）贸易里经济技术洽谈会"

2007 年 6 月，中国广东 - 坦桑尼亚经贸合作洽谈会在达累斯萨拉姆召开

6 月 12 日，2007 年中国广东 - 坦桑尼亚经贸合作洽谈会在达累斯萨拉姆召开。此次洽谈会由广东省政府、中国驻坦桑尼亚使馆和坦桑尼亚工业、贸易和市场部联合举办，来自中国及坦桑尼亚近 800 名优秀企业代表就投资、贸易和旅游等专题进行了研讨和项目洽谈。此次洽谈会为期 1 天，来自中国和坦桑尼亚的数百名企业代表就投资、贸易和旅游等专题进行了研讨和项目洽谈，共签订贸易合同 13 项，合同金额约 7120 万美元。

2007 年 8 月，广东省代表团访问坦桑尼亚促进双边经贸合作

广东省代表团自 2007 年 8 月 5 日开始对坦桑尼亚进行为期 5 天的访问。代表团在坦桑尼亚访问期间会见了坦桑尼亚工业、贸易和市场部，基础设施发展部，农业部，投资中心，出口加工区委员会，外贸委员会等部门的工作人员，以及坦桑尼亚工农商总会、工业协会等组织以及企业家代表，计划就扩大广东省与坦桑尼亚在农业、渔业和贸易等领域的合作签署多项合作备忘录。2007 年 6 月，中共中央政治局委员、广东省委书记张德江 6 月访坦时同坦桑尼亚领导人就进一步加强广东省与坦桑尼亚之间的经贸合作达成共识，广东省代表团这次对坦桑尼亚的访问就是落实这一共识。

2010 年 2 月广东省贸促会代表团出访莱索托、南非和毛里求斯三国

1 月 24 日至 2 月 4 日，广东省贸促会代表团访问了莱索托、南非和毛里求斯三国。出访期间，代表团拜会了莱索托贸工部和中国驻外使领馆等机构，并与南非约翰内斯堡工商会、毛里求斯工商会等对口合作伙伴进行了洽谈交流，参观了开普敦港、路易港等非洲国家的重点基础设施建设。出访取得圆满成功。在莱索托访问期间，广东省贸促会代表团与莱索托贸易工业部副部长、莱索托国家发展中心主任进行了座谈交流，探讨了广东省对莱开展贸易、投资等合作的重点领域。代表团听取了中国驻莱使馆经商处郝永江参赞关于莱经济发展概况的介绍，就广东省企业走进非洲的事宜交流了意见。

2010 年 12 月，加强粤非合作增进相互了解——第三届非洲国家驻华大使巡讲团访粤

非洲国家驻华大使巡讲活动是"中非合作论坛北京峰会"召开之后，中国人民对外友好协会为了帮助地方政府和企业了解非洲的真实情况，找到能够进行互惠互利合作的切入点而设立的一个交流平台。本届巡讲活动的主旨是合作与和谐，旨在进一步加强广东省与非洲的经贸合作，解答企业"走进非洲"的实际问题。

2012 年 9 月 5 日，"2012 中国（广东）—埃塞俄比亚经贸洽谈会"在亚的斯亚贝巴举行

9 月 4 日上午，"2012 中国（广东）—埃塞俄比亚经贸洽谈会"在埃塞俄比亚首都亚的斯亚贝巴隆重举行，本次洽谈会由广东省人民政府主办。广东省代表团与埃塞俄比亚工商会及行业协会签署了合作备忘录，双方企业家代表进行了交流互动。

2012 年 12 月，广东省贸促会乔海曙秘书长率工作小组赴非洲考察

2012 年 12 月上旬，广东省贸促会乔海曙秘书长率工作小组一行赴埃塞俄比亚、肯尼亚、南非等国进行考察。其间，拜访了埃塞俄比亚商会、肯尼亚国家工商会，并分别与中国驻约翰内斯堡总领事馆、南非洲粤港澳总商会进行了座谈。12 月 3 日，乔海曙秘书长率工作小组一行拜访了埃塞俄比亚商会，该商会秘书长 Gashaw Debebe 先生详细介绍了埃塞俄比亚的经贸发展现状及该国吸引外资的优惠政策，希望与广东省在农产品加工、服装生产等领域加强合作，并邀请广东省企业代表团到埃国开展考察活动，寻求合作机会。

2014 年 12 月，罗丙志副会长出席"走进非洲"论坛暨"顺德制造全球行"推介活动

12 月 29 日，广东省贸促会与顺德区经济和科技促进局、顺德区贸促会等单位联合举办了"走进非洲"论坛暨"顺德制造全球行"推介活动。坦桑尼亚、尼日利亚、马里、乌干达、埃塞俄比亚、刚果（布）、科特迪瓦等非洲国家驻华使领馆的总领事或商务领事，尼日利亚在华企业代表以及来自广州、梅州、佛山、顺德等地的企业代表近 200 人参加了会议。

2015 年 11 月，广东省贸促会举办"中国（广东省）—南非（夸纳省）经贸旅游合作交流会"

当地时间 11 月 6 日上午，由广东省人民政府主办、广东省贸促会联合广东省旅游局承办的"中国（广东省）—南非（夸纳省）经贸旅游合作交流会"在夸纳省德班市成功举行。陈秋彦会长代表广东省贸促会与德班工商会签订合作协议，建立了经贸信息合作互换机制。交流会上举行了中国广东省驻南非经贸代表处揭牌仪式和广东省驻南非旅游合作推广中心授牌仪式及现场签约仪式，共签署经贸合作协议 7 项。其中，广东省贸促会与南非德班工商会签订合作协议，广东省旅游协会与德班旅游局签署合作备忘录；5 家广东省企业与合作伙伴签署投资贸易协议，协议金额 1.38 亿美元。南非夸纳省贸易投资局还进行了投资环境推介。

2015 年 10 月，"中国改革开放与中非合作共赢大使论坛"在广州举行

10 月 30 日下午，由外交部、广东省人民政府联合主办的"中国改革开放与中非合作共赢大使论坛"在广州举行。当天，部分中国前驻非洲国家大使、省直机关代表，以及非洲驻华使节考察团全体成员等共约 200 人出席活动。据了解，2015 年是中非合作论坛成立 15 周年。15 年来，在中非双方的共同努力下，中非合作论坛机制建设不断加强，日趋成熟，逐渐确立了定期召开部长级会议、高官会议、论坛中方后续行动委员会与非洲驻华使团磋商等机制，并建立了中非外长级定期政治对话等机制。

2015 年 11 月，非洲驻华使节团访问广东省，进行了主题为"中国改革开放与中非合作共赢"的专题考察

2016 年 8 月广东省商务厅厅长郑建荣陪同广东省委副书记、省长朱小丹出访南非、埃塞俄比亚、肯尼亚三国

出访期间，广东省人民政府主办、广东省商务厅承办的三场经贸合作交流会成功举行。

（1）2016 年 9 月，中国（广东）—肯尼亚经贸合作交流会

此次交流会上共有 8 个合作项目和协议现场签约，签订各类投资贸易项目金额达 2.4 亿美元。广东省商务厅与中国交通建设股份有限公司签署了广东省参与肯尼亚蒙巴萨经济特区建设合作备忘录。

（2）2016 年 9 月，中国（广东）—埃塞俄比亚经贸合作交流会

此次交流会上广东省与埃塞俄比亚企业现场签订合作项目和协议 19 个，项目金额为 3.47 亿美元。

（3）2016 年 9 月，中国（广东）—南非经贸合作交流会

此次交流会上广东省与南非企业现场签订合作项目和协议 8 个，项目金额为 1.98 亿美元，广东省商务厅与南非夸纳省贸易投资促进局签署了合作备忘录。

2016 年 9 月，罗丙志副会长率企业代表团访问埃塞俄比亚等非洲三国

2016 年 8 月 30 至 9 月 8 日，广东省贸促会罗丙志副会长率领广东省企业家代表团一行 20 余人前往埃塞俄比亚、肯尼亚、尼日利亚三国访问。其间，代表团出席了中国（广东省）—埃塞俄比亚经贸合作交流会、中国（广东省）—肯尼亚经贸合作交流会。9 月 2 日下午，广东省贸促会在内罗毕举办中国代表处揭牌仪式。

2017 年 6 月，中国（深圳）—埃塞俄比亚贸易投资推介会举行

该推介会是继 2017 年 5 月举行的"一带一路"国际合作高峰论坛后，中国在非洲地区举办的最大规模经贸交流活动。推介及展示会由中国贸促会、深圳市政府主办，市贸促委承办。埃塞俄比亚总理府经济领域国务部长塔德塞·海里、全国商会主席所罗门·阿非沃克、中国贸促会副会长卢鹏起、中国驻埃塞俄比亚大使腊翊凡、深圳市副市长陈彪出席。

2018 年 5 月，"非洲广东总商会"筹备工作会议召开

2018 年 5 月 30 日下午，由广东省贸促会（广东国际商会）指导、广东新南方集团主办的"非洲广东省总商会"筹备工作会议在广州召开，来自 10 个非洲国家驻穗总领事馆的总领事和代表，以及港澳有关商协会代表、部分非洲国家广东省商会代表等近 50 人参加了会议。

第五章

粤非民间企业往来 40 年

一　民间贸易合作的活动

（一）广州市森大贸易有限公司

广东省是中国沿海距离非洲较近的省区市之一，具有联系非洲的天然地理优势，作为"21 世纪海上丝绸之路"的重要节点，广东省与"21 世纪海上丝绸之路"沿线国家有着密切联系，相互交流与合作历史悠久。在全球经济缓慢复苏的背景下，作为中国对外开放的重要窗口和桥梁，广东省与非洲经贸合作一直保持着良好发展势头，对非洲进口贸易占全国的比重从 2011 年的 18% 上升到 2015 年的 24.1%，而广州市森大贸易有限公司（以下简称森大）就是其中的民间企业代表之一。

1. 敏锐嗅觉，入驻非洲

森大创立于 2000 年，兴起于对非洲、拉美等海外新兴市场的开拓。2004 年，历经摸索、积累、壮大的森大，敏锐把握非洲市场的无限商机，整合卓越的产品销售供应链体系，开始实施由传统的一般贸易出口向海外连锁经营模式的转变，迅速抢占非洲市场。自 2004 年 4 月在加纳首都阿克拉创立第一家海外分公司至今，年均销售复合增长率超过 47%，森大的客户网络已经覆盖 20 多个国家和地区，同时在非洲加纳、坦桑尼亚、肯尼亚、科特迪瓦与中南美洲的秘鲁等国家创立了 8 家海外销售分公司，建立起规模化采购、远洋运输、仓储管理、国外销售等完整的一站式营销渠道，实现出口销售的本地化与连锁化经营，极大地降低了合作伙伴的中间消耗，提高了利润空间。森大已然从一个小型的贸易公司逐步发展成首批成功在非洲创立品牌的大型中国公司之一。

随着经营理念的创新和公司规模的优势，森大经营的产品日益增多，逐步形成了以陶瓷建材、卫浴产品、电子产品、日用轻工产品为主的四大产品体系，成为向非洲、中南美洲提供最优性价比产品的大型民营跨国贸易集团，实现着为客户、员工、股东、社会创造持续增长价值的使命。

2. 投身民生建设，塑造企业责任

森大在加纳投资建厂，创立本地化的销售、仓储基地，帮助当地贫困人群就业，符合森大的人本主义理念，也是对加纳社会和平发展的最大帮助。现森大的加纳本地员工已超过 1500 人，并且企业刚进入高速发展阶段，员工需求的数量还将不断增加。同时，森大还帮助当地员工牵线搭桥，获取先进技术及管理经验，拓展员工发展提升空间，让一个个加纳家庭走上了富裕的道路。

加纳大学副校长塞缪尔·奥非表示，由于近年来加纳经济下行，加纳国内不少企业都在缩减规模甚至倒闭，而每年有超过 55000 名学生从高校毕业，就业形势十分严峻。2017 年 3 月 18 日，森大加纳分公司协助加纳大学孔子学院举办了加纳首届中国企业校园招聘会。

一位来自森大加纳洗衣粉厂的当地员工说："森大给了我许多机会去提升自己的个人素养。在森大，公司鼓励跨领域学习，让我有了更多的创意。"

森大初入加纳市场时，运送了两个装载了 60 种货物的集装箱来测试市场，经过六个月的测试，发现建筑材料（特别是瓷砖和玻璃），是加纳最受欢迎的产品。当时加纳的瓷砖多产自欧美地区，属于价格昂贵的奢侈品。至 2014 年，中国公司在加纳瓷砖市场上已经占有了 60% 的市场份额，瓷砖的平民化极大地改善了当地民众的生活质量。

2015 年 5 月，加纳洗衣粉厂正式开业投产，标志着森大工贸结合战略转型成功迈出第一步。

无论是在海内外，森大都积极投身于当地民生建设，重视社会责任的企业形象深入人心。

2017 年 3 月 12 日，加纳阿克拉的一个小寮屋社区发生毁灭性火灾，受灾民众 30 余人，屋物焚烧一空，居民流离失所，生活难以为继。比邻的森大加纳分公司获悉这一情况后，于 3 月 15 日向受灾民众捐赠了食品、衣物、洗浴用品等应急物资和若干现金，约合 3 万赛地，雪中送炭，一缓灾情。分公司总经理胡东明先生在接受加纳媒体采访时表示，经商一地，民众受灾，森大无法袖手旁观。

2017 年 5 月 9 日是"阿克拉体育场灾难"十六周年纪念日。十六年前的这一天，阿克拉体育馆因球队球迷纠纷发生体育悲剧，127 名球迷丧生，无数家庭失去了生活支柱。森大响应活动组织者号召，连续四年向遇难者家属捐赠了物资和现金，约合 25000 美元，惠及数十户，200 余人。

"分享优质产品，提高普通家庭生活质量是森大的核心。这些家庭也是普通家庭，也是我们服务的对象。"分公司总经理胡东明先生说，"我们十分感激加纳政府和领导人为我们发展业务提供了一个非常和平和良好的商业环境。十六年前的记忆对于继续保持和平稳定至关重要。我们希望能够一直帮助和支持他们。"

（二）深圳齐力电子商务有限公司

当下中国，受益于互联网的蓬勃发展，网上购物日益成为人们日常生活中不可替代的消费方式之一。而在非洲，由于基础通信设施落后，电商经济还有很大的发展空间。

1. 电商崛起，惠及非洲

深圳齐力电子商务有限公司（Kilimall）是中国人在非洲建立的一个电商平台，是最先进入非洲互联网领域的亚洲公司。它既在非洲本土招商运营，也在中国招商，做中国对非洲跨境出口。它成立于 2014 年 7 月，到 2015 年 7 月达到日均 1000 单左右，到 2018 年 5 月则达到了日均上万单、商家数量数千的规模。这几年时间里，Kilimall 除了完善整个电商平台的运营外，还自建物流和支付系统。

这些数字与国内电商没法比，但在非洲是数一数二的大平台了。由于基数非常小，所以从增速上看，Kilimall 每个季度的数据都是翻番的。2018 年对 Kilimall 来说也是非常重要的一年，为了更好地服务广大的 Kilimall 商家，帮助商家掘金非洲，Kilimall 于 2018 年 2 月 1 日起，正式实施新的平台入驻政策，全面免除中国卖家的品类佣金，这将更大地刺激中国商家的入驻，带动中国企业加大与非洲的经贸合作。同时，Kilimall 也加大与各大品牌的合作力度。

非洲国家人口红利巨大，人口结构偏年轻化，个人消费力强，互联网的发展跨越 PC 时代直接进入移动时代。这一切都让 Kilimall 坚信，非洲电商很快会跟上世界潮流。此外，由于供给短缺，非洲市场十分依赖进口，这就让跨境电商的存在有了很大的意义。

非洲电商平台 Kilimall 创始人兼 CEO 杨涛分享了 Kilimall 在非洲的电商实践，他表示，非洲居民的消费能力其实不差，Kilimall 目前在做的事就是解决支付和物流需求。

据杨涛介绍，非洲目前的电商条件还不成熟，但是回过头来看，以阿里巴巴和京东为例，它们能够发展壮大，最核心的原因也是解决了当时不具备的条件。在非洲，Kilimall 主要围绕支付和物流方面开展业务。

2. 融合市场，加速合作

支付方面，Kilimall 帮助当地电信运营商建立手机钱包系统，和世界主流支付公司形成对接，具备全球供应链和国际支付，目前在线支付比例已经超过 80%，2018 年 Kilimall 将与肯尼亚最大电信运营商 Safaricom 战略合作。物流领域是 Kilimall 这几年重点打造的点，尤其是"最后一公里"，解决"最后一公里"面临的挑战非常多，但是目前所有问题都已经找到答案，Kilimall 已与肯尼亚邮局签署战略合作协议，在非洲实现内罗毕当日达、核心城市次日达这个难题。

据了解，在商业模式上，Kilimall 与京东和天猫的模式类似，也是通过自建仓储配送，接受平台入驻，目前平台已拥有几千名卖家。此外，Kilimall 在营销上做了创新，除了谷歌和 Facebook 推广，还积极地拓展当地的营销资源，如为一些服装品牌设立本地模特，对当地资源的使用比较透彻，这也有助于其降低自身的营销成本。2018 年 Kilimall 开始提供 Kili-Click 营销服务，帮助本地和中国卖家快速沉淀自身商品或品牌，打造专属于自己品牌的粉丝圈。

目前，Kilimall 在非洲三个国家设有办公室，辐射周边近 10 个国家。业务主要在东非地区，2018 年重点关注肯尼亚运营中心，辐射东非六国 2 亿人口，在北非、中非、南非开放新的站点。Kilimall 希望在整个零售链条中，对营销、交易、仓储和配送这四个环节都能够进行主导。

二　投资合作的活动

截至 2016 年 6 月，广东省在非洲累计设立非金融类企业机构 201 家，协议投资 18.3 亿美元，涉及航空、电力、汽车制造、陶瓷、纺织服装、渔业等领域。这其中，典型的民营企业开始成为对非贸易和投资的主力军，而这恰恰也是广东省对非投资合作的优势和特点所在。

（一）华坚鞋业集团

成立于 1996 年的华坚集团，是全球知名的高中档女鞋生产商，美国排名前 30 位的中高档女鞋品牌都是其主要客户。旗下拥有广东省东莞、江西赣州和非洲埃塞俄比亚三大生产基地，以及埃塞俄比亚 - 中国（广东）华坚国际轻工业城、东莞世界鞋业总部基地等十多家子公司，形成了鞋业完整产业链，拥有 40 条现代化制鞋生产线，年产鞋超过 2000 万双。

1. 远征非洲，鞋业标杆

2011 年，华坚集团在埃塞俄比亚东方工业园投资设厂，生产女鞋，成为中国第一家走进非洲的制鞋业企业，把一部分"中国制造"变成"非洲制造"。

制鞋业是候鸟产业，成本是风向标。改革开放初期，珠三角地区凭借廉价的土地、资源和劳动力成本，吸引了大量外资进入，开启了纺织、服装、鞋业等劳动密集型加工业以 ODM 模式参与国际产业链分工体系的时代。但进入 21 世纪后，随着国内生产要素成本逐渐上升，特别是人力资源成本越来越高，华坚虽然具有完善的产业链和规模经济优势，但订单量在逐年下降，利润微薄。面对越来越严峻的国内成本上升和资源环境压力，华坚一直在探寻新的出路。

华坚集团与埃塞俄比亚结缘是在 2011 年。2011 年 8 月，时任埃塞俄比亚总理的梅莱斯前往深圳参加世界大学生运动会开幕式。其实，他那次的中国之行有一个更重要的目的——找寻合适的中国制造业引入埃塞俄比亚，以发展本国轻工业，解决国内接近半数人口的失业问题。

正好华坚集团当时开始考虑转移部分生产制造环节，全球布局。2011年，应时任埃塞俄比亚（以下简称"埃塞"）总理梅莱斯的邀请，华坚集团董事长张华荣率领了一个由 50 多家企业组成的经贸团对埃塞进行了 8 天的商务考察，在考察中，他发现埃塞的生产要素成本比国内要低得多。一是劳动力成本低。埃塞有 8500 万人口，其中一半是劳动人口，全国失业率达 46%，生产一线员工月薪仅 300~500 元人民币，人工成本仅占 10%，而国内人工成本占比高达 37%。二是原材料成本低。埃塞作为农牧业大国，盛产牛羊皮革，发展制鞋业可就地取材。三是埃塞的土地、水电等总成本更低，每度电仅 0.16 元人民币。四是埃塞国内政局稳定，投资政策优惠，企业所得税 10 年免税。五是美国、欧洲等发达国家和地区对原产地为埃塞的产品实行进口税率优惠。综合以上条件，在埃塞投资总成本要比国内低 8%~10%。经过深思熟虑，张华荣毅然决定在埃塞投资办厂，选址首都亚的斯亚贝巴南部的东方工业园，投资建设华坚国际鞋城（埃塞）有限公司，作为华坚集团在非洲女鞋 OEM 制造基地。华坚埃塞鞋城从开工建设到投产仅用了 3 个月时间。投产后，埃塞鞋城就使当地皮革产品出口增长了 57%，创造了埃塞的"华坚速度"，也创造了非洲最穷国家生产出美国最主流女鞋的神话，成为埃塞最大的出口企业。目前，埃塞鞋城已建成 6 条现代化制鞋生产线和配套的鞋材厂，拥有员工 3800 人，其中埃塞员工 3600 人，具备年生产出口女鞋 240 万双以上的产能，平均利润率为 10%。到 2015 年上半年，共向欧美出口 400 万双成品鞋，创汇 4800 万美元。

2. 精细管理，成果斐然

从 2012 年投产至今，华坚在埃塞共有员工 4000 余人，其中埃塞本地员工数量超过 3800 人。在工厂里，他们分工明确，各司其职。员工们能够熟练地进行皮革切割、黏合、缝纫等制鞋工序，每天能够出产女鞋 6500 双。此前，曾有西方媒体报道认为华坚对埃塞员工的管理过于苛刻和严格。对此，华坚有限公司副总经理宋一平介绍表示，严格高效的管理是培养高级造鞋人才的必要条件。由于非洲人和中国人的工作理念并不相同，华坚在埃塞俄比亚的起步阶段也曾为此交了学费。

当时，制鞋对于埃塞人来说是新领域，虽然埃塞劳动力成本相对低廉，但是员工的效率和中国国内的工人相比大打折扣，造出的鞋子报废率极高。为了应对这个问题，华坚在人才培养方面也下足了功夫。

对于新员工的培训，他们建立了专门的培训教室，由经验丰富的中方老师用一带多的方式进行手工、设备的手把手教学；对于那些表现优异的本地员工，厂方更是为他们提供去中国华坚东莞总部和华坚赣州技校接受培训的机会，学习设备操作、企业管理和中文。目前，一批批学成归来的员工已经在更为重要的岗位上挑起了大梁，参与管理工作。

弗雷泽 22 岁时在华坚已经工作了四年。由于表现优异，他曾被选派到中国的东莞总部接受培训。两年培训结束后，他回到埃塞的工厂，目前在工厂一车间的评估管理部负责人员管理工作，他用流利的汉语接受了记者的采访："我的中文名字叫广州。我以前什么都不懂。做鞋子的技术不懂，讲中文也不懂。去了中国以后，在那边有很多老师，一个一个教我们。比如说刷胶怎么刷，贴底怎么贴，针车怎么车，裁断怎么裁，全部是在中国学的。"

也曾有埃塞本地媒体这样提问：华坚已经在埃塞做了四五年了，什么时候才能有埃塞人做到公司的高层管理者？宋一平对此苦苦一笑，他表示这是需要长时间的经验和技术积累的，不能一蹴而就，"我们一直在努力地培养本地的干部……这个过程必须经过多年的培训，高层干部才能提升起来。"

在埃塞，华坚集团已经为世界其他地区的劳动密集型企业树立了榜样。同时，他们也筹备着把自己在非洲的事业做得更大更强。

宋一平介绍说，当前，埃塞俄比亚的政治环境稳定，经济发展势头良好，城镇化进程正在不断推进，消费市场也在日益扩大，为了进一步把企业做大做强，华坚已于 2015 年 4 月启动埃塞 – 中国东莞华坚国际轻工业园的建设，园区将以服装、鞋帽、电子产品等轻工制造为主，预计 2018 年年底首期厂房可以完工，项目整体将于 2020 年全面竣工。届时，涉及制鞋、服装上下游配套产业的企业将入驻园区，从而完善埃塞皮革产业的产业链，用工人数预计会达到五万人。项目建成后，东莞部分劳动密集型产业或将转移至该园区，预计埃塞鞋业、服装等产品的六成以上将出自华坚轻工业园。

（二）深圳传音控股有限公司

在冲出国门、走向世界的国产手机品牌中，"传音"（Transsion Holdings）对于大多数人来说，或许是一个陌生的名字，但正是这家来自深圳的手机制造商，用了十年的时间赢得非洲市场。在全球市场布局已久的三星在经历了印度对战小米的"滑铁卢"之后，再一次败给了中国手机厂商。

1. 国产手机，出海非洲

十几年前，第一代国产手机曾极度辉煌。1999 年，十几家国内手机厂商拿到牌照，2000 年到 2004 年，波导、海信、夏新、科健、TCL、熊猫、迪比特等众多国产手机品牌争相绽放、野蛮生长。波导就是其中的佼佼者，"手机中的战斗机"的广告语更是让它的名字家喻户晓。据当年信息产业部的统计数据，波导、TCL 手机 2003 年的销售量分别为 969.64 万部和 749.96 万部，位列第一和第二，而诺基亚和摩托罗拉只能屈居第三、第四。那是一个号称"熊猫开天，波导辟地"的中国手机时代。

然而，中低端芯片的出现、山寨机市场的兴起，让上述大部分厂商丧失了成本优势，逐渐销声匿迹。

2000 年前后非洲市场上已经有了"大哥大"，人们对手机这一新鲜事物拥有强烈的消费欲望。当时的非洲市场只有诺基亚、三星等少数国际品牌，以及部分山寨机。

2006 年 TECNO 品牌上市，2008 年传音明确聚焦非洲的战略，走上了一条与众多国内厂商截然不同的道路。2008 年到 2010 年，传音深入非洲大陆的各地区调研，根据非洲用户的痛点对症下药，推出实用主义、接地气的本地化手机，逐渐在非洲站稳了脚跟，并不断开疆拓土。目前，传音旗下拥有 TECNO、Itel、Infinix 和 Spice 四个手机品牌，以及售后服务品牌 Carlcare、手机配件品牌 oraimo、家电品牌 Syinix，在当地市场兼具口碑与影响力。

2. 紧贴市场，对症下药

非洲本地运营商众多，运营商之间经常会有降价、各种促销，但当时诺基亚和三星等国际品牌的手机基本上是只有一个 SIM 卡的单卡机。市场对多卡手机有潜在的巨大需求。传音盯住这个机会，在非洲推出的第一款手机就是"双卡双待"机，接下来还尝试推出了"三卡三待"甚至"四卡四待"的手机。不久，传音在非洲多卡手机这个细分市场上率先成为领导者。

此外，非洲的人文地理环境与国内大不相同，针对当地文化和消费特征，传音做了大量本地化的改良。比如，非洲朋友非常喜爱音乐，随着音乐响起就会载歌载舞，传音就推出了主打音乐功能的 Boom 系列音乐手机。据说其中一款产品 BoomJ8 发布当天盛况空前，尼日利亚有较高知名度的 8 位巨星悉数亮相，发布会直播话题直接被推到 Twitter 当天趋势排行榜第一；同时，非洲有些国家经常停电，传音就推出了超长待机手机，充一次电最长可待机一个月；而针对非洲人民的工作生活环境，传音还有针对性地增加了防摔防汗防污特性。

真正让传音"封王"的，是其拍照功能，号称"非洲美颜"。非洲朋友因为肤色较深，在暗光弱光环境中难以拍摄到清晰的人像照。传音大量收集当地人的照片，积累了大量数据，创造性地制定了针对非洲人像特征的算法，为非洲消费者开发出深度定制的美肤模式，帮助非洲消费者用手机拍出更加满意的照片。这极大地激发了非洲消费者的购买欲望，也让传音手机的口碑爆棚。

这些结合非洲当地人生活习惯和特点开发手机的功能，用一个词形容就是"接地气"。也正是因为传音的精细入微，相比当地国际品牌只做"国际标准"的产品，传音凭借亲民的功能赢得了认可。

3. 蓄力品牌建设，力求品质保证

为了让经销商卖得放心、消费者买得放心，传音在非洲建立了大量只服务不销售的客服中心。另外，传音在非洲的营销方式也非常直接——无论电视广告、零售店门头，还是建筑外墙，传音都进行了铺天盖地的广告宣传。一位通信行业记者曾经这样形容在东非商品大市场卡里亚库（Kari-akoo）看到的情景："我看到了铺天盖地、从近到远、密密麻麻、让我永远不会忘记的 TECNO。全世界都是 TECNO，每个店面的 poster（海报），每个 billboard（公告牌），每块玻璃，每个店门都是 TECNO 的广告。"

随着非洲通信市场的发展，功能机已经无法满足非洲消费者，传音准确地抓住了非洲智能机从导入期向快速增长期的时间窗。在 2013 年，传音正式发布其智能手机品牌 Infinix，仍然定位于非洲地区能够支付得起的价格区间。

除了 TECNO、Itel、Infinix 三大品牌手机外，传音还创建了售后服务品牌 Carlcare、数码配件品牌 Oraimo 及家电品牌 Syinix，并于 2017 年与 Spice-eMobility 联手在印度重新推出 Spice 手机品牌。

目前，传音有全球员工超过 10000 名，全球销售网络已覆盖尼日利亚、肯尼亚、坦桑尼亚、埃塞俄比亚、埃及、阿联酋（迪拜）、沙特、印度、巴基斯坦、印尼、越南、孟加拉等 50 多个国家，在全球范围内设立了 4 间制造工厂。此外，传音分别在上海、深圳、北京建立了自主研发中心，并与尼日利亚、肯尼亚等地的本地 ID/UI 测试团队紧密合作，以实现对当地需求的高度适切。

2017 年传音手机的整体出货量近 1.3 亿部，同比增长超过 50%，全部出口非洲、印度等新兴市场，在出货量方面成为全球第四大手机厂商（仅次于三星、苹果和华为）、全球第一的功能手机厂商，并首次进入全球前十大智能手机组装厂商。目前传音还在开拓更多的新兴国家市场，将非洲的成功经验做适当本地化的移植。传音将自己的服务对象定位在发展中国家的大众消费者，专注于提供高度适切当地消费者的产品和服务，其一路走来的发展史，值得众多有意出海的创业者借鉴。

（三）广东农垦集团

1987 年，广东农垦集团公司受中国外经贸部委托，开始探索援外项目的独立租赁承包经营模式，以农工商一体化运作方式承包经营多哥阿尼耶制糖联合企业达十年之久。该公司不但为集团上缴了丰厚利润，也为多哥当地提供可靠的食糖供应，为多哥政府和人民创造了大量财富和 1300 个稳定的就业机会。

1992 年至 1993 年，多哥政局不稳，但在多哥糖厂工作的职工工资照常发放，此举为中国赢得了荣誉，同时积累了境外办企业的丰富经验。该项目被誉为中国援外企业改革的成功范例，受到中国外交部和外经贸部的嘉奖。1999 年，广东农垦集团公司获得对外承包和劳务输出经营权，之后又被广东省政府列为重点扶持"走出去"的 14 家企业集团之一。之后，广东农垦集团公司逐步将非洲，特别是西部非洲地区作为该集团海外发展的重要区域之一。

水滴石穿，金石为开。2000 年，广东农垦集团公司开始进入贝宁投资。在此之前，公司多次派出考察团考察贝宁市场，积极做好项目投资的论证与商务谈判，主动邀请国际金融、财务、技术和规划等专业部门的专家帮助该集团进行项目评估。经过大量前期调研和考察，该公司 2002 年利用中国政府援外合资合作基金在贝宁建立了一家以木薯为原料的食用酒精加工厂，加工厂主要从事木薯加工成酒精的生产，设计加工能力为年产3000 立方米食用酒精。2004 年，木薯加工厂顺利投产，填补了贝宁食用酒精生产空白，其产品还取得出口西非经济共同体、西非货币联盟国家的许可证。该项目的建成与投产带动了国内设备的出口和技术人才的输出，更在当地产生了很大影响：其一，为当地提供了稳定的就业岗位；其二，增加了当地的税收；其三，通过对当地工人的培训，提高了他们的劳动技能；其四，通过木薯收购，带动了当地木薯种植业的发展，打开了木薯销售市场，增加了当地农民的收入。可以说，这一投资项目既为公司带来了丰厚回报，也在当地产生了良好的经济和社会效益。该项目的成功运作还产生了国际影响，邻近的加纳客商也要求中国为他们承建类似的酒精加工厂。当然，广东农垦集团公司在投资过程中也遇到了一些问题。例如，虽然贝宁年产木薯约 800 万吨，但当地的木薯大多用来食用，市场上主要以木薯粉形式流通，而生产所需原料木薯干片市场上没有流通，商品化程度很低，因此在木薯加工厂建立初期，工厂即使花钱也买不到足够的木薯，原材料不足成为制约工厂初期发展的主要问题。此外，语言、文化上的差异使中方人员很难与当地百姓进行深入交流。

广东农垦集团公司在投资非洲的过程中也遇到诸多困难与挑战。第一，落后的基础设施和恶劣的工作生活条件，使项目正常经营面临挑战。工厂经营过程需要外购原料和生产辅料，木薯干片属于特殊商品，市场上没有流通，公司花费了大量精力才解决这一问题；而生产所需零配件和辅料当地也几乎没有，只能从国内发货；当地疟疾盛行，就医条件极差，给中方员工身体和心理的适应带来极大的挑战。第二，国内缺乏配套政策，且相互制约。以贝宁的木薯加工项目为例，贝宁政府当时要求在注册成立公司时必须先缴纳公司注册费，但国内有关部门却要求先注册后付款，这种制度规定上的错位，在一定程度上制约了首次海外投资的步伐。第三，上项目周期长、效率低。以贝宁木薯加工项目为例，由于当地政府部门办事效率低，筹建时间延长，同时，当地配套不完善，从基础设施建设到设备安装均遇到前所未有的挑战，建设时间比国内长，建设成本比国内高。

（四）广东新南方集团有限公司

广东新南方集团有限公司成立于 1994 年，是一家以中医药健康产业为主导的现代化产业集团，其产业涉及中医药、房地产、能源、酒店、科技、电子商务、环保、文化传媒、养老养生、食品、保险、金融等领域，近年来在境外自由贸易区和经济特区的开发、建设和管理方面有所建树，为打造大健康产业布局、实现全球健康发展目标而努力奋斗。

1. 十年一剑青蒿灭疟

2003 年，广州中医药大学李国桥教授持续从事的青蒿素复方临床研究项目因撤资被迫中断，李教授的学生——广东新南方集团有限公司总裁朱拉伊得知后，果断投入 6000 万元资金，保障了项目的顺利进行。

2006 年，李国桥教授团队在广东新南方集团有限公司的支持下研发出具有完全自主知识产权的国家 I 类新药——第四代复方青蒿素抗疟药 Arte-quick®。

2007 ~ 2013 年，中国援助非洲岛国科摩罗进行快速清除疟疾项目在科摩罗三岛实施，该药品为项目指定用药。广东新南方集团与广州中医药大学组建的青蒿抗疟团队亲赴中科复方青蒿素快速清除疟疾项目现场，历经数千个日夜，推动项目圆满完成，取得了科摩罗 80 万人口疟疾发病人数下降 98%、疟疾零死亡的喜人成果。

为此，科摩罗国家领导人多次到访广东省，感谢广东新南方集团的"中国兄弟"为其清除疟疾工作做出的贡献。此后，这张"青蒿灭疟"的名片吸引了众多疟区国家慕名而来，使广东新南方集团与非洲各国交往更为密切，为构建人类命运共同体、实现共享共赢提供了更多可能。

2. 助力非洲绿色崛起

广东新南方集团秉承"诚信义"的企业价值观，结合非洲实际情况，从守护非洲人民健康到助力非洲经济发展，用"中国方案"解决世界问题。

2013 年，广东新南方集团有限公司获得了尼日利亚广东经济贸易合作区的经营管理权。作为中国首批八个获得中国政府批准的境外经贸自由贸易区之一，园区目前由广东新南方集团有限公司控股的中非公司运营。园区规划用地 100 平方公里，土地使用年限 99 年，目前落实土地红线图 20 平方公里，首期完成开发面积 2.24 平方公里。

园区相继引入了轻工、家具、建材、五金、木材等领域的几十家优质企业，为当地创造了大量的就业机会，形成了规模化的陶瓷业、造纸业的

（一）广东科达洁能股份有限公司

广东科达洁能股份有限公司创建于1992年，于2002年在上交所上市，涵盖建材机械（陶瓷机械、墙材机械、石材机械等）、洁能环保（清洁煤气技术与装备、烟气治理技术与装备）、锂电材料（锂电池负极材料、新能源汽车等）三大业务领域，并提供EPC工程总承包管理服务和融资租赁业务。公司旗下40余家子公司，拥有科达、恒力泰、科行等行业内知名品牌。产品销往50多个国家和地区，2017年公司销售收入57.3亿元。

从1992年科达五金机械厂起步，科达洁能走了一条从"引进来"到"走出去"的跨越发展之路。富有创新基因的科达洁能从简单的陶瓷磨边机起家，不断引进、消化、吸收国际先进技术，攻坚克难，一举实现"陶机装备国产化"。历经20多年的创新发展，在建材机械领域，科达洁能一举实现"陶机装备国产化""做世界建材装备行业的强者"的目标，奠定了科达洁能建材机械行业的强者地位。

1. 厚积薄发，敢为人先

作为建陶制造大国，中国的瓷砖、瓷板等产能位居世界首位，但由于原材料价格上涨、人工成本上升，以及环保监管压力增加和国内消费市场饱和等内外因素的制约，建陶产业发展亟须拓展新的空间，开拓海外市场成为企业发展的必然趋势。与此同时，多年快速发展的建陶产业在技术装备、产品研发、市场营销等方面的积累，已具备"走出去"的基础和条件。借着国家"一带一路"倡议的提出，加上科达国际化步伐的加快、由点到线的布局，科达在非洲市场上的影响力正在逐步释放。

2015年12月底，科达洁能与广州森大集团就非洲肯尼亚、加纳、坦桑尼亚三地合资兴建建筑陶瓷厂项目初步达成了合作框架协议。2016年初，双方签订了肯尼亚合资兴建建筑陶瓷厂及整线设备购销等两项合同，正式启动肯尼亚合资陶瓷厂项目投资程序，双方合作投建的肯尼亚陶瓷厂（KEDA［KENYA］Ceramic Company Limited）已于2016年11月28日顺利投产，投产后即实现盈利，成为行业内第一个当年签约、当年投产、当年实现盈利的"走出去"项目。由于销售市场火爆，产品供不应求，肯尼亚工厂于2017年9月启动二期生产线建设，于2018年3月投产。目前两条生产线日产量达到6万平方米，超出设计产能36%，工厂设备运行稳定，生产与销售集群，有效推动了当地经济发展。

接下来，园区将加快开发速度。广东新南方集团有限公司还将利用自身丰富的产业资源和先进的运营经验，和当地政府合作发展工业、商贸、物流、科技、房地产等行业。

2017 年 7 月 7 日，由广东新南方集团有限公司和肯尼亚企业合建的肯尼亚珠江经济特区（以下简称特区）举行奠基仪式，作为肯尼亚首个特区，它由中国和肯尼亚民营企业共同开发运营，并获得中肯两国政府的大力支持。

特区位于肯尼亚中西部第二大城市埃尔多雷特市，交通干道直达肯尼亚首都内罗毕、东非最大港口蒙巴萨，市场可以辐射周边的乌干达、坦桑尼亚、布隆迪、卢旺达和南苏丹等东非共同体国家。按照规划，特区占地达 9 平方公里，重点发展农产品加工、高新技术、家具、轻纺、机械、建筑等产业，并带动运输、物流、贸易等服务产业发展。与一般投资海外的企业不同，广东新南方集团不去竞标单个项目，而是集中建设经济特区，采用统一规划、组团推进、滚动开发的思路，打造综合创业平台，帮助更多的中国企业走进非洲。

"发挥优势，重视环保，集中管理，是中国企业走进非洲的最好方式"。朱拉伊在奠基仪式上表示，项目建成后，预计可提供 4 万个直接就业岗位和 15 万个间接就业岗位。从"以医带药"抗疟疾，到"绿色发展"建特区，广东新南方集团十年如一日，在非洲大地默默耕耘，贡献智慧，合作共赢，先后在西非、东非两个经济较发达地区建起现代、环保型工业园，赢得当地人的充分信任，维护了中国企业的声誉与国家形象。

三 经济合作的活动

改革开放伊始，中国企业在非洲的经济合作项目大多由政府牵头，合作更多集中在改善公路、铁路、机场、码头、供水和供电等基础设施建设领域。进入 21 世纪以来，随着非洲越来越向世界打开大门以及我国与非洲的经贸合作蒸蒸日上，越来越多的广东省民营企业纷纷涌入非洲，经济合作的形式也越来越多样化。

产品质量稳定，市场销售情况良好，产销两旺。

在肯尼亚项目的成功经验基础上，科达洁能与森大集团加快了非洲市场布局的步伐。2016 年 9 月启动了西非加纳项目——科达（加纳）陶瓷有限公司（KEDA［GHANA］Ceramic Company Limited）的建设，2 条生产线相继于 2017 年 6 月和 8 月投产，产品不仅仅实现加纳本国销售，还出口至周边科特迪瓦、布基纳法索、多哥等多个国家和地区，深受西非人民喜爱。

坦桑尼亚项目（KEDA［TANZANIA］Ceramic Company Limited）是科达洁能和森大集团联手推进的第三个非洲陶瓷厂项目。该项目于 2017 年 2 月启动建设，于 2017 年 11 月实现投产，项目占地 800 多亩，是东非占地面积最大的陶瓷厂，除了生产传统的彩釉砖以外还生产抛釉砖、渗花砖等高端产品。

塞内加尔是科达洁能和森大集团实施非洲战略 2 年多以来启动的第四个项目（KEDA［SN］Ceramic Company Limited），规划设计 2 条彩釉砖生产线，设计产能 4.2 万平方米/天。目前项目已经进入基础建设阶段，预计于 2018 年底投产。

2. 稳扎稳打，步步为营

在 2016 年 2 月科达洁能与森大集团签订的《关于合资在非洲兴建建筑陶瓷生产企业的合作协议》及 10 月签署的《关于合资在肯尼亚兴建建筑陶瓷生产企业的补充协议》基础上，双方于 2017 年 3 月 9 日再次签署了《关于深化建材产业基地投资合作的战略合作协议》，将继续深化境外投资合作，加大对肯尼亚、加纳、坦桑尼亚、埃塞俄比亚、喀麦隆等国家的投资力度，并且共同确立两年内实现对外投资额累计达 15 亿元及各合作投资项目年销售额累计达 20 亿元的战略目标。

科达洁能不断加速海外布局，以非洲大陆为发展支点，已逐渐建立起非洲建陶新秩序。科达（肯尼亚）陶瓷有限公司已成为"一带一路"框架下中非产能合作的一个示范性项目。以肯尼亚、加纳、坦桑尼亚、塞内加尔等陶瓷厂为代表的海外项目陆续投产，意味着科达洁能在响应国家"一带一路"倡议、"供给侧结构性改革"战略的同时，积极助力非洲国家工业化建设，增加更多的当地就业机会，给当地消费者提供更多更具性价比的优质产品。

（二）中国英利集团

一份 Dr. ThomasHillig 咨询公司的报告称，由于太阳能和储能技术成本下降，与柴油发电相比，清洁太阳能被越来越多地使用，不仅是为了减少柴油发电对环境造成的影响，还为了提高电力供应的可靠性。

1. 助力非洲，科技先行

非洲日照条件得天独厚，但电力缺口巨大，具有不可估量的太阳能电力市场前景，其光伏项目的潜在安装量评估超过 11GW。其现有光伏项目装机集中在南非、肯尼亚、摩洛哥等少数国家，主要来自大型地面电站，平均规模大于欧美等成熟市场。

预计 2017～2030 年，撒哈拉以南非洲地区的新增发电装机容量总投资额将达 2120 亿美元，而可再生能源发电装机容量的投资则会占到总投资额的 3/4。可再生能源发电技术成本的下降将使可再生能源发电（包括水电）成为这一投资趋势变化的最大赢家。

由于光伏发电容量因数较高，其新增装机容量在所有能源发电新增装机容量中排名第一。预计在 2017 年至 2040 年期间，光伏发电新增装机容量将达 49GW。中非贸易研究中心分析，从资源角度，也就是太阳直接辐照度来讲，非洲的太阳能产业发展潜力无疑是世界上最大的。

英利集团始创于 1987 年，1998 年进入太阳能光伏发电行业，深圳英利新能源有限公司成立于 2013 年，是英利集团旗下的子公司，该公司致力于太阳能应用技术和产品的研发、生产与市场推广，将"生产老百姓用得起的绿色电力"理念落实到具体产品，打造低碳生活，实现绿色发展。多年来，英利集团不断加强技术创新和管理创新，加速产能扩张，树立国际品牌，在生产运营、产品研发、技术创新、市场占有率、品牌价值和企业文化等方面形成了明显的领先优势，成为全球光伏行业的领军企业。

2. 务实合作，砥砺前行

2015 年底，经由中国驻冈比亚大使馆以及冈比亚能源部推荐，深圳英利冈比亚分公司与冈比亚教育部建立联系，先后运作各类大小项目。2016年底，英利冈比亚公司就冈比亚 24 所学校多媒体教室供电系统项目竞标成功，该项目由世界银行资助，由冈比亚教育部牵头操作，力争为冈比亚教育事业保驾护航（提供电力支持）。

（三）广州东送能源集团

广州东送能源集团有限责任公司（以下简称东送集团）成立于 2000 年 11 月，注册地为中国广州，注册资本 7.77 亿元人民币，是集水电站投资开发、煤炭开采/洗选及深加工、输电线路建设、有色金属矿产开发、有机农业、商铺租赁等多元产业于一体的大型集团公司。为响应国家西部大开发战略，公司以不可再生资源开发为产业发展方向，在广西、贵州、黑龙江、云南、西藏等地投资电力、有色金属矿产、化肥、有机农业、输变电线路等项目。

1. 深入非洲，以当地资源与市场为开发导向

乌干达托罗罗地区苏库卢富有磷酸岩多金属矿，是国际上著名的含烧绿石－铌铁矿碳酸岩风化壳矿床之一，与挪威费恩矿区、凯撒斯图尔、刚果（金）累舍、肯尼亚恩利马、坦桑尼亚恩贝亚、马拉维奇尔瓦等地产于第三系碳酸岩体及其氧化带中的多金属矿具有相同或相似的成矿地质条件及矿化地质特征。

在遵守乌干达矿业法律规定的前提下，东送集团最终在 7 个国家、13 个国际矿业企业中竞标胜出，于 2013 年 8 月取得了该矿床的勘探证(EL－1178)，矿权面积 26.47 平方公里。2013 年 9 月，东送集团与乌干达投资局（UIA）签订了《乌干达苏库卢碳酸岩综合产业开发项目的合作备忘录（MOU）》，并为该项目的开发在乌干达成立了广州东送能源集团乌干达有限责任公司（以下简称乌干达东送）。

苏库卢磷酸岩综合产业开发项目总投资约 6.2 亿美元，其中一期投资为 3.74 亿美元，该项目已于 2014 年 8 月 18 日开工建设，2019 年 6 月建成投产，项目建成后可带动当地就业近 2000 人，实现产值近 3.5 亿美元，极大地促进和带动托罗罗地区经济的发展。

2. 科学规划产业，实现资源绿色综合利用

为实现乌干达苏库卢多金属矿的有效开发，东送集团分别委托广州有色金属研究院、内蒙古白云鄂博稀土研究院、昆明有色金属研究院、广西冶金研究院、北京矿冶总院、湖南稀土金属材料研究院等单位进行了工艺矿物学、选矿、冶炼等方面的研究，形成了令人满意的工艺开发流程，依此开展了可行性研究及项目设计工作。

园区以绿色环保、综合利用、循环经济为发展理念，选矿厂的选别尾矿经过压滤后获得的滤饼、钢铁厂的转炉钢渣，送至免烧砖厂压制成免烧砖。钢铁厂矿热电炉产生水渣，送至矿渣磨粉厂磨成矿渣微粉，作为生产高标号水泥的原材料，提升固体物的附加值。选矿厂铁精矿、磷精矿、尾矿压滤后的尾矿水返回利用；钢铁厂、玻璃厂工业污水经过净化处理后循环使用；钢铁厂矿热电炉炼铁产生的煤气、钢铁厂转炉炼钢产生的煤气，除满足钢铁厂石灰窑、球团生产、转炉烤包、轧钢加热炉使用外，还可提供给玻璃厂使用，实现煤气的综合利用；钢铁厂球团烟气、转炉烟气以玻璃厂窑炉烟气余热可输送至园区办公生活区满足生活需要，同时输送至免烧砖厂用于砌块的养护，缩短砌块的成形周期，也可输送至湿法冶炼厂用于矿浆的加热和保温。通过园区各厂的上下联动，实现园区内固体废弃物、余热、各类气体的循环利用，达到零排放、绿色和谐发展的目标。

3. 树立企业社会形象，实现和谐发展

东送集团从最初投资乌干达时起，便积极与当地政府部门及当地居民沟通，时常参加各类公益活动，为乌干达苏库卢矿区内居民学生提供货币、学习用品等捐助；为 4000 美元修缮危险校舍修缮、图书馆修建、教堂修建等项目提供捐助；捐助乌干达退伍老兵 OWC 组织发展农业；援建伊尤瓦（IYOLWA）技术学校，支援乌干达培养职业技术工人；帮助马克雷雷大学建立与中国高校交流和培训的平台，并为毕业生提供培训及就业机会，培养管理人才；先后派遣数批支教人员前往当地学校援助教育工作；协助项目所在地居民打井，解决其用水问题；等等。多年来的公益事业让东送集团在乌干达当地获得了良好的口碑。

四　总结

（一）广东省企业与非洲国家经贸合作的发展历程

1979 年以前，中国对非洲国家的直接投资很少，仅限于为执行特定的政府项目而兴办的企业。1979～1990 年，广东省对非洲国家的直接投资与贸易、援助相辅相成，这一时期是广东省对非洲直接投资的起步阶段，投资规模一般较小。

1995 年，中国政府对援外方式进行了改革，将中国与非洲国家合作的主体从政府转向企业，实行援外方式和资金投入方式的多样化，促进中非企业间的直接合作。中国积极推行政府贴息优惠贷款及援外项目合资合作方式，帮助受援国建立生产项目，将援外与直接投资、工程承包、劳务合作与外贸出口紧密结合起来。21 世纪初，广东省企业开始探讨如何把对非洲的援助转化为双边企业间的合资合作。如广东新南方集团有限公司以"复方青蒿素快速清除疟疾项目"为切入点，同时参与非洲基础设施建设，全力开拓非洲市场，广东新南方集团支持非洲增强绿色、低碳、可持续发展能力，支持环境友好型农业项目和智慧型城市建设项目。

中国政府从 2000 年起实施"走出去"战略。这无疑给无数广东省企业打开了面向非洲的新窗口。一方面，广东省企业在纺织、家电、建材、农业、食品加工等行业具有成熟的技术，制造的产品物美价廉，在非洲当地市场具有较强的竞争优势。另一方面，广东省企业投资非洲除了可以享受当地的优惠政策外，还在一定程度上享有欧美等发达国家对非洲国家的优惠政策，为粤企产品出口欧美等发达国家开辟了新渠道。因此，非洲市场成为中国企业"走出去"的重点地区之一。同时，中国政府对企业到海外设厂提供优惠政策，适当放宽了对企业在境外投资的限制，大幅度提高境外带件、带设备组装生产和加工制造的出口比重，鼓励企业到非洲投资建厂；对于在国外投资带动国内相关产品出口的企业，以及新开拓出口市场的企业和产品，从简化手续、增加资金投入、减免税费征收等方面实行政策倾斜。

（二）广东省企业与非洲国家经贸合作的发展趋势

1. 贸易合作领域

经贸发展步伐加快。随着中非经贸往来持续密切，粤非贸易合作不断加强。2003～2012 年，粤非进出口贸易总额从 28.19 亿美元上升至 413.87 亿美元，增长近 14 倍。其中，2009 年粤非贸易额为 935.3 亿元人民币，2012 年和 2014 年分别跨越 2000 亿元、3000 亿元两大关口，2014 年已高达 3030.2 亿元，五年年均增速达到 26.5%。2015 年，粤非进出口贸易额为 431.3 亿美元，约占中非贸易总额的 1/4。

出口非洲的产品趋于品牌化。改革开放之初，广东省一些企业在对非洲的贸易方面存在一些认识上的误区，认为非洲国家大多比较穷，人均

GDP 不高，购买力水平低，在与其贸易时无须过多考虑商品的质量和品牌，但它忽视了非洲市场是开放的，进入这些国家的中国商品，既要与其他新兴国家的产品竞争，又要与发达国家的产品竞争，由于在出口产品的质量和品牌上没有下足工夫，因而失去了一些传统的市场。近年来，广东省已涌现出华为、传音、华坚等一批有实力、有品牌的跨国经营企业，它们在开拓非洲市场时，从未放弃对自身产品品质的提高，同时也不断加深非洲消费者对自身品牌的认知，从而赢得了良好的声誉度。

出口非洲的产品趋于高端化。20 世纪八九十年代至 21 世纪初，广东省企业出口到非洲的产品多数还集中在纺织皮具行业、小家电行业等低附加值的行业。近年来，我国向非洲出口的高端机器、通信设备、电子和电气设备，以及机动车辆等产品在迅速增加，这些高端产品目前已经成为我国出口非洲产品的主要组成部分，如英利集团出口的高端光伏发电设备等。从当前的经贸发展态势看，我国为非洲最主要的贸易伙伴之一。

2. 投资合作领域

第一，投资规模日益扩大。广东省企业对非洲的直接投资项目中，中方投资额在 1000 万美元以上的大中型项目逐步增多。截至 2014 年底，中国企业对非洲投资存量 323.5 亿美元，同比增长 23.52%，与 2003 年相比增长约 65 倍，占总存量的 3.7%；中国企业在非洲 52 个国家（地区）共设立 3152 家境外企业，占中国境外企业总量的 10.6%，投资覆盖率达 86.7%。

第二，投资地域日益扩大。广东省对非洲的投资项目分布已由最初以北部非洲的埃及和苏丹、南部非洲的南非和赞比亚为主扩展到整个非洲大陆，投资行业覆盖面广，但是主要集中在几个行业。从流量方面来看，2014 年广东省对非洲投资行业主要涵盖 14 大行业分类，占总投资额的 99.84%。其中，投资 2 亿美元以上的 5 个，分别为建筑业、交通运输/仓储和邮政业、制造业、采矿业和金融业，投资额合计 25.18 亿美元，占总投资额的比重为 78.66%。

无论从流量还是存量的角度看，中国对非洲直接投资主要集中在第二产业（建筑业、采矿业、制造业等）；对第三产业的投资则以金融业为主，科学研究和技术服务业及交通运输、仓储和邮政业也占有一定比例；2014 年，在农、林、牧、渔业也有 1 亿美元以上的投资流量。目前，中国对非洲直接投资的产业分布呈现"二、三、一"的结构,从多方面促进了非洲经济的发展。

第三,投资领域日益扩展。中国企业对非洲直接投资领域已由最初的以贸易类投资为主转到以生产加工类投资为主,主要的投资领域包括贸易、加工制造、资源开发、交通运输、农业及农产品综合开发等。

3. 经济合作领域

21世纪许多非洲国家把新建或改善公路、铁路、机场、码头、供水和供电等基础设施作为振兴经济的优先领域,这就为外国投资者提供了众多投资机会。例如,埃及政府自2000年起就启动了大规模的基础设施建设和更新改造项目,每年预计投入200亿埃镑(2000年3.78埃镑合1美元)。中国工程承包企业在过去数十年间一直用工程承包的方式进行着基础设施建设,这是一项涵盖面广、内容丰富的经济合作业务,其中既包括商品贸易、技术贸易、服务贸易,也包括劳务输出。

而在近年来,粤非的经济合作形式也有了很多质的飞跃,最有代表性的就是合作平台(产业园区)相继建立,即中国在非洲建立的境外经贸合作园区,这是中国对非洲集群式投资的重要平台。2015年通过商务部确认考核的境外经贸合作园区有13个,其中4个在非洲。如尼日利亚奥贡自由贸易区,是中富工业园管理有限公司贯彻国家"走出去"战略而投资建设的现代化工业区,也是我国首批获得政府批准的8个境外经贸自由贸易区之一,即首批落户非洲的国家级对外经济贸易自由贸易区。作为广东省实施"走出去"战略的重要平台,也是政府对外经济合作的重点项目,该自由贸易区借鉴中国特别是广东省建设开发区的经验,以家具、建筑及装潢材料、农副产品深加工、饮料、医药等制造业为主,工程营销和贸易业并进发展,生态环境优良,是具有示范带动效应的对外经济自由贸易区。

(三)投资非洲的成功经验

第一,充分运用政府搭建的合作平台。比如,非洲国家非常希望中国能够帮助它们建设通信基础设施,中兴公司及时抓住这一机会,大举进军非洲,从而极大地推动了中国与非洲国家在通信领域的合作,提高了中国企业与非洲国家在通信领域的合作层次,宣传了中国通信产品,树立了中国通信公司技术领先的形象。另外,中国企业在非洲的很多投资项目都可以得到中国商务部、外交部、进出口银行和信保公司等政府部门与金融机构的大力支持。

第二，扎根于市场特征，主动迎合市场需求，以质量和服务赢取市场，注重广告宣传。比如，传音手机能在非洲市场上获得非常大的占有率，原因之一就是传音公司多年在非洲市场深耕细作，充分了解非洲手机市场的痛点，适时在传音手机中加入了针对非洲人肤色的自拍功能。此外，在广告宣传上，传音手机也不遗余力，尽可能不放过非洲市场任何一块空白的广告牌，并邀请本土明星代言；同时，不断加大售后服务点的建设力度。这一系列的策略，一步步让传音手机品牌深入人心，在非洲手机市场上大获成功。

（四）投资非洲遇到的问题

第一，与西方大型跨国公司相比，广东省企业产品品牌的知名度和稳定性尚待进一步提高与巩固。尽管广东省企业已成为非洲一些国家市场上的著名品牌并取得了广泛认可，但毕竟是后来者，且进入市场时间短暂。从长期来看，产品要在非洲市场上扎根结果，树立良好的品牌形象非常重要。

第二，投资收益问题。非洲国家普遍比较落后，在经济变革时期，部分国家存在政策多变、法制不健全等问题。有的国家外债负担沉重，资金严重短缺；还有的国家政局不稳。所有这些都可能影响出口信贷的偿还和投资收益。

第三，企业恶意竞争问题。随着市场竞争的加剧，某些竞争者为了自身的利益，在市场上采取不当的竞争手段，搞低价恶性竞争，甚至对自己的国内竞争对手进行非正当的刻意打压，严重扰乱市场秩序，对自身和竞争对手的发展都产生了严重的负面影响，损害了双方利益，并破坏了中国公司在非洲的良好形象。

第四，本地化管理水平亟须进一步提高。产品后续技术服务人员和一般员工均需实现属地化。如何管理来自不同地域、具有不同文化背景的员工，使之在一个团队里相互协调合作，是所有粤企面临的一大挑战。

（五）非洲将是广东省企业投资新热点

进入 21 世纪以来，非洲促进经济发展、鼓励外来投资的政策不断出台，丰富的资源、广阔的市场，以及人口红利成为非洲的突出优势。非洲的三大自由贸易区包括南部非洲发展共同体、东部和南部非洲共同市场以及东非共同体，这些地区性自由贸易区将合并成"非洲自由贸易区"，覆盖从开普敦到开罗的整个非洲大陆，随着非洲中产阶级人数的不断增加，以及政治和金融稳定性的逐渐提升，非洲自由贸易区可以与其他贸易区洽谈自由贸易协议，预计消费支出将于 2020 年增至 1 万亿美元。

非洲将是中国企业未来几年海外投资的新热点。拥有 8 亿人口的非洲市场不但广阔，而且充满商机。当地工业普遍落后，大部分商品依靠进口。在北非，"中国制造"的生活用品备受欢迎；东非由于比较偏重农业，来自我国的塑料制品和农产品的市场非常广阔；而在南非，我国的轻工业产品特别是纺织产品都是畅销商品。

广东省与非洲经济具有高度互补性，即在工业、贸易、市场、资源上高度互补。几乎所有非洲国家对轻工、家电、电子等产品的需求量都很大，而这恰恰是不少广东省商人忽略的巨大市场。当前，广东省一些制造行业已进入产能过剩与微利时代，如家电行业中的电视机、电冰箱、空调和洗衣机等家用电器国内市场需求已近饱和。同时，广东省原有的廉价劳动力资源正在逐渐失去。而非洲除了具备低廉的劳动力外，本身就是一个巨大的消费市场。经历较长时间市场洗礼的广东省家电、纺织品、服装、IT、手机、集成电路和农业等已经在海外市场上具有很强的竞争力；同时，一大批中国企业已在加快建立全球生产和销售网络。

随着非洲越来越向世界打开大门以及我国与非洲经贸往来的蒸蒸日上，到非洲投资办厂将成为广东省今后投资非洲的主要形式。未来 5 年到 10 年将是广东省企业投资非洲的"黄金时期"。

第六章

粤非经贸 40 年对广东省经济的影响

进入 21 世纪以来，非洲促进经济发展、鼓励外来投资的政策不断出台，丰富的资源、广阔的市场，以及人口红利成为非洲的突出优势。非洲的三大自由贸易区包括南部非洲发展共同体、东部和南部非洲共同市场以及东非共同体，这些地区性自由贸易区将合并成"非洲自由贸易区"，覆盖从开普敦到开罗的整个非洲大陆。此外，非洲也是中国企业近年来海外投资新的热点区域。摩托车、电视机、手机、纺织品等越来越多物美价廉的"中国制造"产品在遥远的非洲正成为畅销产品。因此，粤非经贸仍存在巨大的发展空间。拥有 8 亿人口的非洲市场不但广阔，而且充满商机。当地工业普遍落后，大部分商品依靠进口。在北非，"中国制造"的生活用品备受欢迎；东非由于比较偏重农业，来自我国的塑料制品和农产品在当地拥有非常广阔的市场；而在南非，我国的轻工业产品尤其是纺织产品都是畅销商品。

此外，广东省市场规模庞大、经济发展水平较高，对原材料及贵金属都具有稳步上升的刚性需求。以钻石市场为例，广东省是我国重要的钻石加工基地。近年来，广东省逐步形成了综合型的钻石镶嵌和加工的产业集群，如位于广州番禺和从化地区的沙湾珠宝产业园、钻汇珠宝采购中心和从化旗杆钻石生产基地等特色园区。而广东省重要的钻石来源地主要集中在欧盟和非洲。但由于欧盟进口市场乏力，而非洲的矿产资源非常丰富（如南非的钻石等矿产资源储备位于世界前列），因此，加强与非洲的贸易合作，对广东省产业的发展能够产生非常好的促进作用。随着非洲逐步向世界打开大门，以及我国与非洲经贸往来的蒸蒸日上，到非洲投资办厂成为广东省今后投资非洲的主要形式。未来 5 年到 10 年或将成为广东省企业投资非洲的"黄金时期"。

一 粤非经贸对广东省经济增长的影响

（一）广东省经济增长情况概述

广东省地处中国大陆最南端，濒临南海，毗邻港澳，是中国改革开放的先行地。广东省具有悠久的商贸历史，是中国历史上最早的通商口岸之一和著名的"海上丝绸之路"起点。改革开放以来，广东省抓住历史的机遇，积极参与国际竞争与合作，成为中国经济实力最雄厚、市场化程度最高、开放型经济最活跃的地区之一。

广东省是中国经济增长的强大引擎。改革开放 40 多年来，广东省由落后的农业大省转变为我国位列第一的经济大省和人口大省。如图 6 - 1 所示，从 2000 年起，广东省的地区生产总值就一直在稳步增长。2017 年，广东省地区生产总值达到 89879 亿元，约占中国经济总量的 10.9%，连续 29 年位居全国第一，并先后于 1998 年、2003 年、2007 年超过"亚洲四小龙"中的新加坡、中国香港和中国台湾。

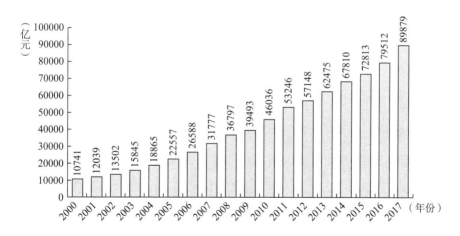

图 6 - 1 2000 ~ 2017 年广东省地区生产总值

但是，广东省生产要素低成本的优势正在逐渐丧失，各种政策的叠加效应、综合要素的成本上升，造成外贸出口压力的增加。在人工成本方面，广东省带头提高最低工资标准，虽然此举是对工资收入增长滞后于国民经济增长的自我纠正行为，但对于出口企业来讲则是雪上加霜。许多议价能力低的中小企业面临亏损。在各种成本大幅上升的量变挤压下，广东省中小加工贸易企业不堪一击。

此外，部分广东省企业缺乏品牌意识和长远发展观念。目前，广东省的机电产品出口普遍缺乏自主品牌，贴牌出口占绝对主导地位。由于毗邻香港，广东省的外向型经济被融入香港接单的主流中。多数企业凭借劳动力、土地等资本的低成本优势从事产品加工出口业务，真正在国际市场上有竞争力的自有品牌十分有限。另外，广东省大多数机电企业尚未成为技术创新的主体，核心技术从国外引进的比例较大。这非常不利于广东省企业的长远发展。

（二）粤非贸易发展状况

非洲已成为全球经济增长最快的地区之一，而广东省对非洲优势资源性产品的需求也持续增加，双方经贸合作潜力巨大。据广东海关统计，1999 年广东省对非洲的进出口额为 15.69 亿美元，2006 年上升至 79.02 亿美元。2007 年、2011 年与 2012 年，粤非贸易分别突破了 100 亿美元、300 亿美元与 400 亿美元（见图 6－2）。2017 年，该数额达到 369.18 亿美元，比上年同期（下同）增长 2.13%。

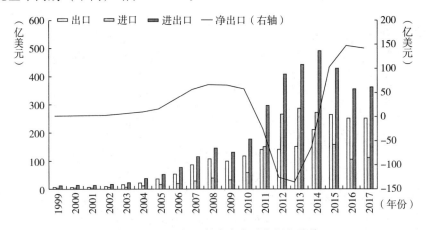

图 6－2　1999～2017 年广东省对非洲贸易情况

数据来源：历年《广东省统计年鉴》。

在图 6－2 中，出口方面，从 1999 年到 2017 年，广东省对非洲的出口额基本都处于稳定增长的趋势，仅在 2009 年及 2016 年略微下降，据广东海关统计，2018 年的出口平均增长率达到 21.91%。2017 年，广东省对非洲的出口达到 255.9 亿美元，是 1999 年（9.27 亿美元）的 27.6 倍；进口方面，广东省从非洲进口的数额虽在某些年份有所下降但总体来看是不断增长的，特别是 2010~2012 年，广东省自非洲的进口额增长率达到了 100%。2011 年，广东省从非洲的进口额突破了 100 亿美元，2017 年达到 113.25 亿美元。从这 18 年的数据来看，在粤非贸易中，广东省以贸易顺差为主，仅在 2012 年及 2013 年为贸易逆差，但近年来顺差额呈现不断上升的趋势。可见，广东省对非洲贸易处于良好的运行态势。

广东省的经济发展态势总体优于全国。与全国相比，广东省主要经济指标大部分高于全国，继续发挥对全国经济增长的重要贡献和支撑作用。2016 年，广东省地区生产总值占全国的 10.7%，规模以上工业增加值增速比全国高 0.7 个百分点，固定资产投资增速比全国高 1.9 个百分点，进出口降幅比全国窄 0.1 个百分点。2016 年广东省人均 GDP 达到 72787 元，是全国的 1.3 倍。

目前，广东省现已初步建立了以纺织服装、家具制造、家用电器、金属制品、轻工造纸及中成药制造等行业为支柱的优势产业体系，主要产品的附加值有明显提高。品牌建设成效明显，产业集聚初步形成。全省已经形成的产业集群有 135 个。一定规模的产业集群集中在优势传统产业。全省产业集群升级示范区中，以传统优势产业为主导的产业集群达 51 家，占总数的 72.8%。优势产品中，电饭锅、组合音响、燃气热水器、录放音机等家电产品在全国同类产品产量中所占比重均超过 80%。纺织服装、食品饮料和建筑材料中部分产品的产量均居全国第一位。

（三）非洲经济增长情况概述

进入 21 世纪，非洲经济加速发展，取得了令人瞩目的成就。非洲国家在 20 世纪 60 年代独立后相当长一段时期，经济发展比较缓慢，年均增长率 1960~1970 年为 3.8%，80 年代为 1.8%，90 年代为 2.4%。进入 21 世纪，非洲经济增长率明显提升。2000~2012 年全非洲年均增长率为 5%，而撒哈拉以南非洲更是高达 5.6%。非洲已经步入独立以来经济增长持续时间最长、增速最快的发展阶段。2008~2011 年，非洲经济遭遇全球金融危机和北非动乱等不利因素的巨大冲击，但是增速依然高于世界平均水平，达到 4% 以上，同期拉丁美洲和加勒比地区经济增速仅为 3.4%，欧洲与中亚为 0.2%。2012 年，受欧美经济"雾霾"扩散的影响，全球经济仍然低迷，但非洲经济逆势而上。根据联合国非洲经济委员会发布的《2013年年度报告》，2012 年非洲 GDP 增长 5%，同期全球增长率仅为 2.2%，非洲经济增速高出世界平均水平一倍多。今后一段时间，非洲经济仍将呈快速发展态势。

非洲经济的快速增长扭转了过去相当长时期经济增长率低于人口增长率、人均 GDP 不断下降的趋势（如 1980 ~ 1990 年，人均 GDP 实际下降42.5%），直接提升了非洲国家的人均 GDP。2004 年非洲人均 GDP 为 958美元，其后逐年增长，至 2008 年已达 1603 美元。2009 年，非洲人均 GDP虽因遭遇全球经济危机而下降，其后又迅速回升，2012 年达到 1878 美元。9 年间非洲国家人均 GDP 增长了近 1 倍。

近年来，非洲涌现出一批本土"新兴经济体"。2013 年全球经济增长最快的 10 个国家和地区中，非洲占 4 席，分别是利比亚、冈比亚、安哥拉和莫桑比克。非盟前主席让·平认为 2015 年非洲将成为最大的新兴市场。非洲的"新兴经济体"大致有三种类型。一类国家经济基础好，又富有资源。比如南非、尼日利亚、加纳和纳米比亚，可望成为下一轮非洲经济增长的主力军，一些非洲人称之为"非常四国"（Extraordinary Four）。这些非洲国家政治相对稳定，经济发展基础较好，资源丰富而且具有特色，如南非富有铂金矿和铀矿，尼日利亚高产石油，加纳出产优质的可可豆，赢得独立才 20 来年的纳米比亚以丰富的石油和黄金储备吸引国际投资者。另一类国家缺乏资源，但是由于政策得当，经济发展速度比较快。比如埃塞俄比亚、卢旺达、贝宁等国，其中最典型的是埃塞俄比亚。与"非常四国"相比，埃塞俄比亚缺乏矿产资源，而且工业基础薄弱，其主要的经济产品是农产品，其经济增长比较快的原因主要是，在政局稳定的前提下，政府重视国内经济建设，加大了对农业、工业和基础设施的投资，成效很好。其水电站建设不但满足了国内经济发展需要，而且可以向邻国输出电力，获得了较好的经济效益。最后一类国家一般经历了较长时间的战乱，在国内政局稳定后，利用资源优势，拉动经济强劲发展。这类国家主要有安哥拉、利比亚、塞拉利昂、利比里亚、莫桑比克、刚果民主共和国等。其中安哥拉比较典型。安哥拉内战结束后，政治社会环境转稳，带动了以石油等资源生产为导向的经济发展。安哥拉原油出口值在 2004 ~ 2008 年逐年上升，分别达到 124.42 亿美元、225.83 亿美元、299.29 亿美元、423.52 亿美元、616.66 亿美元，2009 年、2010 年因为世界经济不景气而略有下降，但仍达 392.71 亿美元和 486.29 亿美元。石油、钻石、铀、铁等丰富资源的生产和出口，带动了安哥拉经济增长，其 2004 ~ 2008 年的经济增长率分别达到 11.2%、20.5%、18.6%、23.2% 和 13.8%。

（四）粤非经贸往来对广东省经济增长的影响

中国与非洲经贸合作有一定的基础，从贸易到投资、从市场开拓到设厂生产，充分发挥了中方的资金、技术和产业优势，以及非方的资源和市场优势。中非经贸发展前景十分广阔。拿尼日利亚来说，尼日利亚是非洲第一人口大国，总人口 1.7 亿人。但其工业基础薄弱，大多数工业用品和生活必需品从国外进口，国内消费能力强、市场增长空间巨大。另外，尼日利亚是西非共同体创始国，其产品出口到 14 个成员国家实行零关税；同时，尼日利亚也是泛美协定成员国之一，产品出口欧美实行零关税，无配额限制。中国产品价格、性能比较符合尼日利亚市场，尼日利亚市场和西非市场被称为"对中国产品需求最旺盛的地区之一"。进入尼日利亚市场有利于把中国每年递增的出口贸易额转移到第三国，减少贸易壁垒和摩擦。

广东省在尼日利亚建立了广东省经济贸易合作区——奥贡广东自由贸易区，是中国首批 8 个境外经贸合作区之一。该合作区位于奥贡州伊格贝萨地区，依托拉各斯经济贸易圈，辐射整个非洲大陆。自 2006 年开发建设以来，该合作区已成为中国企业特别是中小企业抱团走进非洲的重要发展平台，吸引了众多企业前来投资。目前，园区内已有注册企业 37 家，自贸区投资已超 2.8 亿美元；仅 2013 ~ 2014 年度就引进企业投资 1.3 亿美元，新入园企业 31 家。创造直接工作岗位 3000 多个，间接工作岗位约 8000 多个。根据园区海关系统分析，该合作区在尼日利亚关税缴纳增长率第一。

二　粤非经贸对广东省贸易的影响

（一）广东省贸易发展状况

广东省是中国乃至世界具有重要地位的制造基地。改革开放 40 多年来，广东省抓住世界产业转移机遇，大力促进产业发展和工业化进程，建立了较为完整的产业体系。目前全省拥有电子信息、电气机械、石油化工、纺织服装、食品饮料、建筑材料、造纸、医药、汽车等九大支柱产业，造船、轨道交通装备、核电装备、风电装备、通用飞机等先进制造业加快发展，形成了海陆空三位一体的先进制造业体系。"广东制造"享誉全球，珠三角发展成为世界重要的高技术产业产品生产基地。物流、会展、金融、信息、旅游等现代服务业蓬勃发展，广交会、高交会、中博会等大型国际性会展驰名中外，先进制造业与现代服务业"双轮驱动"格局基本形成。

在此基础上，广东省积极发展外向型经济，对外贸易高速发展。《广东省统计年鉴》统计数据显示，广东省 1987 年的进出口总额为 210.37 亿美元，于 2013 年突破万亿美元，达到 10918 亿美元。由图 6 - 3 可见，2001 年中国加入 WTO 之后，广东省的对外贸易规模实现了新一轮的快速增长。2008 年受全球金融危机的影响，广东省的对外贸易一度出现疲软态势，进出口都有所下滑，但经过一年多的调整，广东省的贸易经济始终保持着较快的增长，对外贸易仍然是广东省经济发展的重要支柱之一。然而，近年来世界经济低速增长，市场需求低迷，国际国内的经济形势都十分复杂严峻，下行压力明显，2014 年到 2016 年，广东省的贸易额已连续三年出现下降。

图 6 - 3　2000～2016 年广东省贸易情况

鉴于此，广东省制定实施促进外贸回稳向好的 25 项政策措施，采取拓市场、提品质、优服务等措施稳定外贸出口。2017 年，广东省外贸进出口稳中向好，质量效益不断提升。全年实现货物进出口总值 6.82 万亿元人民币，比 2016 年同期（下同）增长 8%；其中，出口 4.22 万亿元，增长 6.7%；进口 2.6 万亿元，增长 10.1%；贸易顺差 1.62 万亿元，扩大 1.7%。按美元计价，2017 年广东省进出口 10064.9 亿美元，增长 5.4%；其中，出口 6227.8 亿美元，增长 4%，进口 3837.1 亿美元，增长 7.6%。此外，广东省对"一带一路"沿线国家进出口稳步增长，市场多元化程度得到提升。全年对"一带一路"沿线国家累计进出口 1.5 万亿元，增长 14.9%，较广东省进出口整体增速高 6.9 个百分点，占全省的 22.1%，占比提升 1.3 个百分点。同期，对东盟、美国和欧盟进出口分别为 8673.8 亿元、8624.7 亿元、7697.1 亿元，分别增长 13.4%、10.4% 和 12.1%。

从 2017 年广东省与非洲的进出口情况来看，广东省与非洲贸易往来最多的国家集中于非洲较大的经济体，如尼日利亚、埃及、南非等。2017 年，广东省与南非的贸易额达到 122.94 亿美元，比上年增长 3%；此外广东省与尼日利亚、埃及、肯尼亚和加纳的贸易额分别为 50.01 亿美元、23.29 亿美元、15.87 亿美元（见表 6 – 1）。

表 6 – 1　2017 年广东省与非洲国家进出口情况

单位：亿美元，%

国家/地区	进出口		国家/地区	进出口	
	金额	同比增长		金额	同比增长
非洲	369.18	4.4	摩洛哥	9.82	18.6
南非	122.94	3	安哥拉	8.2	82.2
尼日利亚	50.01	37.9	塞内加尔	7.59	– 13.3
埃及	23.29	– 4.7	多哥	7.42	– 1.5
肯尼亚	15.87	– 20.2	刚果（金）	6.68	69.4
加纳	15.72	4.2	埃塞俄比亚	6.37	– 36
阿尔及利亚	14.92	– 13.7	布吉提	5.73	49.5
坦桑尼亚	10.84	– 10.1	科特迪瓦	5.03	1.7

广东省与非洲贸易来往较多的国家，其政治环境一般都较为稳定、基础设施较为完善、矿产储备丰富。例如，南非的黄金、钻石生产量均居世界首位，矿业、制造业、农业和服务业是其经济的四大支柱。在矿产资源

方面，尼日利亚石油和天然气储量分别居世界第 10 位和第 9 位；农业方面，尼日利亚的棉花、花生等许多农产品的产量也在世界上居于领先地位。埃及的优势主要在于拥有相对完整的工业、农业和服务业体系。

具体来看，如表 6 - 2 所示，广东省对非洲的出口主要集中在尼日利亚、南非、埃及、肯尼亚和加纳。在这几个国家中，除了对埃及和肯尼亚的出口在 2017 年有所下降外，广东省对尼日利亚、南非和加纳的出口都有不同程度的增长，分别为 32.9%、17.3% 和 5.3%。

表 6 - 2　2017 年广东省与非洲国家出口情况

单位：亿美元，%

国家/地区	出口		国家/地区	出口	
	金额	同比增长		金额	同比增长
非洲	255.91	3.3	摩洛哥	8.13	20.4
尼日利亚	45.18	32.9	塞内加尔	7.46	- 14.2
南非	34.44	17.3	多哥	7.39	- 1.1
埃及	22.49	- 5.8	安哥拉	6.08	40.9
肯尼亚	15.62	- 20.7	埃塞俄比亚	6.07	- 37.5
加纳	15.23	5.3	吉布提	5.73	49.5
阿尔及利亚	14.69	- 13.7	科特迪瓦	4.99	1.7
坦桑尼亚	10.57	- 9.2	贝宁	4.54	- 7.1

数据来源：《广东省统计年鉴》。

进口方面（见表 6 - 3），广东省从南非进口的商品额为 88.5 亿美元，占总进口额的 78.15%，与上年同比减少了 1.6%。此外，广东省从尼日利亚、刚果（金）、赞比亚和安哥拉分别进口了价值 4.83 亿美元、4.5 亿美元、2.41 亿美元和 2.12 亿美元的产品。

表 6 - 3　2017 年广东省与非洲国家进口情况

单位：亿美元，%

国家/地区	进口		国家/地区	进口	
	金额	同比增长		金额	同比增长
非洲	113.25	7.2	埃及	0.81	42.2
南非	88.5	- 1.6	赤道几内亚	0.78	1262.1
尼日利亚	4.83	112.5	毛里塔尼亚	0.76	379.9

续表

国家/地区	进口		国家/地区	进口	
	金额	同比增长		金额	同比增长
刚果（金）	4.5	205.9	塞拉利昂	0.55	129.1
赞比亚	2.41	-4.7	加纳	0.49	-21.1
安哥拉	2.12	1049.9	冈比亚	0.46	-18.6
摩洛哥	1.69	10.7	加蓬	0.4	-14
莫桑比克	1.08	-8.3	马达加斯加	0.33	80.2

（二）粤非贸易往来对广东省贸易的影响

2000 年中非合作论坛成立以来，中非关系迅速发展，也促进了广东省与非洲国家贸易快速增长。非洲已成为全球经济增长最快的地区之一，而广东省对非洲的优势资源性产品的需求也持续增加。粤非经贸较好的互补性，表现出双方经贸巨大的合作潜力。

首先，广东省作为一个资源贫乏的经济大省，经济快速发展已经面临着资源缺乏的制约。非洲是世界上自然资源最丰富、未开垦土地最多的地区，其丰富的矿产资源能够充分弥补广东省资源的不足。广东省经济快速发展对资源及原料的需求，有助于解决非洲国家对 1~2 种资源产品出口的严重依赖，解决非洲资源开发和就业问题。

此外，非洲三大自由贸易区拥有超过 6 亿人口，其中大多数为年轻人，GDP 达 1.2 万亿美元。非洲中产阶层人数增加，城市化进程加快，私人消费在 GDP 增长中占比增大，这些因素在推动非洲经济发展的同时，也为粤非贸易拓展提供了广阔的空间。除此以外，非洲大陆中产阶层的崛起是近年来出现的另一大趋势。非洲南部地区的消费支出将从 2010 年的 6 亿美元增至 2020 年的 1 万亿美元。这恰恰可以满足广东省的高价值商品和服务的出口需求。

其次，非洲多数国家技术水平在国际产业链处于下游，广东省产业转移为其提供了大量设备和提升产业层次的机遇，能够促进非洲国家发展经济，缓解就业压力，丰富当地市场。

再次，广东省中低档价格的产品符合非洲国家消费水平，有很大需求，市场潜力巨大，有助于广东省贸易多元化发展，有助于克服对外贸易过分依赖美国、西欧、日本等发达国家和地区的状况。非洲国家也可以通过双边经贸合作借鉴广东省经济快速发展的成功经验。随着双方经贸合作的不断深入，其合作必将向宽领域、多元化方向快速推进，有助于广东省与非洲各国互利共赢。

三　粤非经贸对广东省投资的影响

（一）广东省投资状况

广东省是中国投资环境最为优越的地区之一。广东省基础设施适度超前发展，交通通信发达、通关便利，市场化程度高、市场体系完备，人才、资本等生产要素充分集聚。广州南沙、深圳前海、珠海横琴、中新（广州）知识城、佛山中德工业服务区等重大平台迅速发展，粤港澳大湾区区域经济一体化快速推进，具有较强国际竞争力的珠三角世界级城市群正加快形成。粤东西北振兴发展，为跨国公司投资提供了多元化、全方位、高层次的平台和载体。其特点主要表现为投资结构继续优化及有效投资不断扩大。

2016 年，广东省高技术制造业完成投资同比增长 20.6%，先进制造业完成投资增长 11.0%；工业技改投资增长 32.8%，占工业投资的比重为 35.2%，占比同比提高 6.3 个百分点。国内市场开拓力度不断加大，内销占比进一步提升。2016 年，规模以上工业内销比重进一步提升到 74.6%，占比同比提高 1.5 个百分点。民间投资增长 13.5%，占全省固定资产投资的比重为 62.1%，占比同比提高 2.0 个百分点。

2016 年，广东省扎实抓好重点项目建设，强化重点项目和中央预算内投资项目进度督查。全年完成固定资产投资 33008.86 亿元，增长 10.0%。其中，基础设施投资增速连续 8 个月回升，增长 5.7%，铁路运输、航道整治和扩能升级项目建设迅猛，完成投资分别增长 40.7% 和 36.8%。房地产开发投资总量超万亿元，达 10307.80 亿元，居全国第一位，增长 20.7%，增幅同比提高 8.9 个百分点。

在对先进制造及高技术制造业领域的投资上，2016 年广东省对高技术制造业和先进制造业分别投资 1647.71 亿元和 4329.19 亿元，分别增长 20.6% 和 11.0%，增幅分别比整体投资高 10.6 个和 1.0 个百分点。广东省加大技术升级改造力度，推动制造业功能和链条升级，工业技术改造投资增长 32.8%，对工业投资增长的贡献率高达 106.7%，其中电气机械及专用设备、森工造纸技术改造投资增速均在 60% 以上，医药、汽车技术改造投资增速超过 30%。

（二）粤非双向投资现状

广东省是中国与非洲各国投资贸易关系最密切、基础最扎实的省份之一。在非洲对广东省的投资方面，截至 2016 年底，非洲与广东省签订的合作项目累计有 1434 项。另外，从图 6 - 4 可以看出，2000 ~ 2016 年，粤非签订协议（合同）数除了在 2003 年、2008 年和 2013 年有所下降外，其余年份均在增长。虽然协议投资与实际投资金额会存在一定的波动，但总体呈增长趋势。

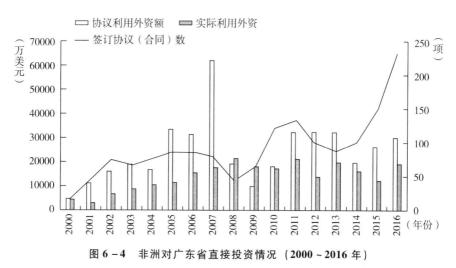

图 6 - 4　非洲对广东省直接投资情况（2000 ~ 2016 年）

2017 年广东省吸收非洲国家直接投资的公司数如表 6 - 4 所示。2017 年，非洲在广东省增加了 280 家公司，相比上年同期增长了 42.86%。其中，马里在粤增加 60 家公司，塞舌尔、埃及、刚果（金）和苏丹分别在粤增加了 50 家、33 家、18 家和 15 家公司，相比上年都有不同程度的增长。

表 6 - 4　2017 年非洲国家对广东省直接投资公司数

单位：家

分组指标	公司数			分组指标	公司数		
	本年数	上年同期	同比		本年数	上年同期	同比
非洲	280	196	42.86	苏丹	15	10	50
马里	60	53	13.21	加纳	14	9	55.56

续表

分组指标	公司数			分组指标	公司数		
	本年数	上年同期	同比		本年数	上年同期	同比
塞舌尔	54	43	25.58	几内亚	14	9	55.56
埃及	33	23	43.48	尼日利亚	11	13	-15.38
刚果（金）	18	0	—	埃塞俄比亚	9	7	28.57

数据来源：《广东省统计年鉴》。

表 6 - 5 包含了 2017 年非洲国家对广东省的直接投资情况。2017 年，非洲国家对广东省新增协议投资金额 16909.56 万美元，实际投资 4872.76 万美元。其中，塞舌尔是 2017 年对粤实际投资最多的非洲国家，其投资金额为 4732.11 万美元，占非洲国家对粤投资总额的 97.11%。安哥拉、马里、埃及和尼日利亚在 2017 年分别对粤实际投资 115.62 万美元、7.99 万美元、4.74 万美元和 3.55 万美元。此外，相比上年的投资额，安哥拉、埃及和南非对广东省的实际投资金额在 2017 年有所下降。

表 6 - 5   2017 年非洲国家对广东省的直接投资情况

单位：万美元，%

分组指标	协议投资金额			实际投资金额		
	本年数	上年同期	同比增长	本年数	上年同期	同比增长
非洲	16909.56	16483.04	2.59	4872.76	4229.65	15.21
塞舌尔	10373.37	9732.48	6.59	4732.11	3863.83	22.47
安哥拉	163.44	782.42	-79.11	115.62	340.65	-66.06
马里	662.06	491.81	34.62	7.99	1.92	315.38
埃及	2504.48	630.23	297.39	4.74	12.14	-60.98
尼日利亚	282.32	106.59	164.86	3.55	0	—
莫桑比克	0	0	—	2.96	0	—
阿尔及利亚	77.87	79.06	-1.5	2.52	2.22	13.33
几内亚	237.46	186.39	27.4	1.78	0	—
南非	75.65	3488.39	-97.83	1.48	2.96	-50

广东省对非洲国家的投资也是成效显著。从表 6 - 6 可以看出，2017 年，广东省在非洲新增企业 29 家。其中，广东省在埃塞俄比亚增加了 6 家企业，在肯尼亚和尼日利亚均增加 4 家企业。在协议投资和实际投资金额方面，广东省在 2017 年对非洲国家的协议投资金额为 36857 万美元，实际

投资金额为 6492 万美元，这两个数值相比上年分别增长了 14.03% 和 85.04%。在 2017 年的实际投资额中，广东省对坦桑尼亚的实际投资金额（1845 万美元）最多，占对非洲总投资额的 28.42%。在粤对非实际投资额排名前五位的国家中，除了对乌干达的投资相比上年有所减少外，对其他四国均表现为不同程度的增加。

表 6 - 6　2017 年广东省对非投资情况

分组指标	新增企业（机构）（家）	中方协议投资金额（万美元）	同比（%）	比重（%）	中方实际投资金额（万美元）	同比（%）	比重（%）
非洲	29	36857	14.03	3.01	6492	85.04	0.74
坦桑尼亚	3	3962	6569.79	0.32	1845	13566.67	0.21
肯尼亚	4	11774	286.68	0.96	1206	46.77	0.14
加纳	0	160	-94.85	0.01	1196	42.25	0.14
埃及	0	0	—	0	576	5660	0.07
乌干达	3	6275	—	0.51	530	-0.04	0.06
尼日利亚	4	9505	-24.6	0.78	505	118.26	0.06
塞舌尔	1	50	-97.44	0	300	-43.43	0.03
南非	1	281	-80.87	0.02	240	1.56	0.03
埃塞俄比亚	6	4355	-50.66	0.36	65	-13.66	0.01
莫桑比克	1	84	-39.85	0.01	0	—	0

在促进粤非双向投资上，截至 2017 年底，已成功举办各类经贸研讨会、论坛、座谈会、信息交流会、投资推介会、经贸对接等经贸促进活动，累计超过 1000 家粤非企业参加上述活动，在促进了非洲国家对广东省投资的同时，也推动了一批广东省产品非洲营销中心的建立和电商平台对非投资。

（三）粤非贸易往来对广东省对外投资的影响

广东省是中国改革开放的综合试验区，历经多年的快速发展，广东省已经成为全国开放程度最高、城市规模最大、发展速度最快的一个区域，也是全球闻名的制造业基地、进出口贸易中心和国际采购中心。广东省已与世界上 129 个国家和地区建立了经贸合作关系，累计批准设立外商投资企业 18 万家；有 40 多个国家和地区在广东省投资设立企业或采购服务机构。在制造产业、资金、技术、企业家团队、对外贸易和投资合作等方面，广东省均积累了丰富经验和明显优势。

而非洲是个有待开发的庞大市场。其丰富的劳动力、矿产、水力、农业和林业资源为非洲提供了发展所需的要素禀赋。此外，非洲对基础设施投资有着巨大的市场需求。这些因素都表明投资非洲有着巨大的潜在收益。广东省与非洲在劳动力、土地、自然资源、产业结构、资金、技术等方面存在明显的互补优势。这些优势为企业走进非洲提供了良好的机遇。粤非双方合作基础扎实、时机适宜、互补性强、前景广阔。随着中国与非洲各国经济技术合作的日益密切，广东省有条件成为中非投资合作最重要的省份之一。

与此同时，随着全球产业结构加速调整，广东省企业境外投资领域也从传统的资源开发、市场销售向高端的资源开发合作与先进制造业等领域转变。因此，广东省的发展也非常需要外资的支撑。来自非洲的资本也能很好地促进广东省经济的发展。粤非双向投资合作的加强，对广东省与非洲国家的经济发展都有着非常好的促进作用。

随着境外投资步伐的加快，广东省对外投资在充分发挥自身优势的同时，还必须深入细分市场，充分考虑各国的地域特征、风俗习惯、市场需求、发展瓶颈及针对外来投资的股权限制、外汇管制、贸易保护等因素。

四 粤非经贸对广东省经济结构的影响

（一）广东省经济结构概述

改革开放以来，广东省工业经济发展，取得了显著的成就。经济总量持续扩大，2013 年广东省规模以上工业完成总产值 109673.07 亿元；家电、电子等行业产品产量处于全国领先行列；产业结构不断优化，按照工业总产值计算的轻重工业比为 38：62，先进制造业增加值占规模以上工业增加值比重达 47.9%，高技术制造业增加值占规模以上工业增加值比重达 25.1%；工业企业经济效益逐步提高，全员劳动生产率达 182303 元/人，总资产贡献率为 14.53%；反映工业化进程的霍夫曼比例为 1.4277，处于工业化第三阶段的后期，接近第二阶段。该阶段主要表现为，现代服务业空间布局呈现集群化态势，载体建设加快推进，中心城市辐射带动作用增强。2014 年 3 月 1 日，广东省全面推进工商登记制度改革，推出 12 项改革措施，全力构建"宽进严管"的工商登记管理制度体系，激发市场活力。2014 年 12 月 16 日，广州知识产权法院挂牌成立，这是经中央批准设立的全国三家知识产权法院之一，肩负着司法体制改革先行先试的使命。2015 年 2 月 27 日，广东省委、省政府在深圳召开广东省科技创新大会，发出创新驱动发展的"动员令"。会议提出，把实施创新驱动发展战略作为推动经济结构调整的总抓手和核心战略抓好抓实，努力当好创新驱动发展的排头兵。2015 年 11 月 12 日，广东省委、省政府在广州召开珠三角国家自主创新示范区建设启动会议。示范区由广州、珠海、佛山、惠州、东莞、中山、江门、肇庆国家高新区打包申请。至此，广东省同时拥有珠三角、深圳两个国家自主创新示范区，构成自主创新新格局。

近年来，广东省的产业结构不断优化，服务业占比也在逐渐提升。如表 6－7 所示，2000～2017 年，虽然少数年份第三产业占总产业的比重有所下降，但从总体上来看，广东省第三产业的比重是呈增加趋势的。2017 年，广东省服务业增加值增长 8.6%，对经济增长贡献率达 58.2%，三次产业结构为 4.0∶42.4∶53.6，第三产业比重同比提高 1.5 个百分点。

表 6－7　2000～2017 年广东省产业结构情况

单位：%

年份	第一产业	第二产业	第三产业	工业	年份	第一产业	第二产业	第三产业	工业
2000	9.1	46.8	44.1	41.8	2009	5.0	49.4	45.6	46.1
2001	8.2	46.0	45.8	41.3	2010	4.8	50.1	45.1	46.7
2002	7.4	45.8	46.8	41.4	2011	4.8	49.6	45.6	46.2
2003	6.7	48.2	45.1	43.7	2012	4.8	48.4	46.9	45.0
2004	6.6	49.4	44.0	45.3	2013	4.5	47.1	48.4	43.8
2005	6.3	50.6	43.1	46.8	2014	4.4	47.1	48.4	43.8
2006	5.7	51.0	43.3	47.4	2015	4.3	45.5	50.2	42.4
2007	5.3	50.7	44.0	47.4	2016	4.4	43.5	52.1	40.5
2008	5.3	50.7	44.0	47.4	2017	4.0	42.4	53.6	39.3

在工业方面可以看到，广东省的工业比重从 2000 年起就开始呈下降趋势，这主要是因为广东省工业结构在不断精简，并朝高端化方向发展。在这个过程中，广东省的创新支撑作用及消费的拉动作用都在不断增强，就

业岗位持续大幅增加，居民收入与经济增长基本同步。

（二） 粤非贸易往来对广东省经济结构调整的影响

广东省的产业层次偏低，主要表现为制造业大而不强，生产性服务业发育不足。目前，广东省的制造业停留在加工组装环节，向研发及销售两端延伸不足，核心技术和自主知识产权少，技术对外依存度达50%，制造业整体处于"微笑曲线"底端。同时，生产性服务业发展滞后，总部经济、科技服务等现代服务业总量偏低。广东省经济发展要通过内需拉动。广东省经济过度依赖外需的格局仍未得到根本改善，消费需求对经济增长的拉动力有限，最终消费率对GDP增长的贡献率远低于70%的世界平均水平。

目前，资源环境约束广东省经济发展的态势趋紧。劳动力、土地、能源等面临较为严峻的供需矛盾，单位GDP增长所消耗的新增建设用地及能源高于发达国家。过去几年珠三角土地开发强度已达到16%，用地指标紧张，项目排队等土地现象十分普遍。广东省需要致力于加快现代产业体系建设，培育战略性产业，推动内外需互补相长，优化产业区域布局等。

在中国不断促进中非合作的大背景下，广东省与非洲都处于经济结构转型调整的关键时期，在发展思路上有很多契合与互补之处，正在经历产业转型的广东省开放型经济应抓住机遇，充分利用广东省与非洲在资源禀赋和经济结构等方面的互补性，不断加强经贸合作，促进贸易发展，拓展投资领域，使合作成果惠及双方，不断提升广东省与非洲的经贸交流合作水平。

近年来，粤非就加强双边贸易投资合作不断达成新共识，合作领域进一步拓展。双方合作已延伸至科技、农业、金融和旅游、矿业、可再生能源等多个领域。广东省已将非洲作为广东省产业海外投资的优先目的地，鼓励和支持省内大型装备制造业等优势产业赴非洲参与工业化进程。粤非双方共同推进跨境本币结算和互换等金融合作、核电合作，推动开展非洲区域航空合作等。同时，广东省致力于支持非洲提高工业化水平和加强基础设施建设，特别是推动非洲互联互通和区域一体化发展。

但目前，广东省在非企业仍较多集中在贸易、工程承包等较低端领域，一定程度上出现与非洲企业争利现象，导致双方摩擦增多。而在物流、电力、能源、航运等高端和战略性行业，以及管理、运营等核心经营环节，广东省企业涉足不多，从长远看不利于广东省企业竞争力提升和可持续发展。因此，必须优化粤非经贸结构。一是应尽量避免广东省产品对非洲当地民族工业产生冲击。要加快广东省产品的升级换代，主动引导企业由生产粗放型、低附加值型产品向生产高附加值、高技术含量的产品转变，也为非洲国家的同类产业让出一定的生存空间，达到协同发展的目的。二是为了避免粤非双边贸易摩擦，要鼓励引导广东省有优势的企业到非洲国家投资办厂，将具有较强竞争力、在当地有一定市场的制造业转移到非洲，这样既可以为非洲当地增加就业机会，又有助于解决贸易摩擦问题。三是在同等条件下要积极扩大从非洲国家的进口，为非洲国家的经贸发展争取到一个更加公平、合理的国际环境。为了扩大从非洲国家的进口，可以探索对从非洲最不发达国家的进口商品实施免关税待遇，以此鼓励非洲国家向广东省的出口。四是对非合作中既要加强与非洲在基建、农业、制造业等领域的合作，也要重视与非洲医疗、教育等民生项目的合作。

第七章

粤非经贸合作存在的问题、
对策以及未来展望

一 粤非经贸合作状况

粤非经贸合作是中非合作的缩影，早期是单向的经济援助，经过多年的发展，如今双方经贸合作以市场需求为导向，在两国政府和企业的共同努力下，双方已发展成为互补性很强的紧密经贸关系。目前，粤非经贸合作处于历史最佳时期，表现在以下几个方面。

（一）粤非经贸合作总量巨大

粤非贸易总额 2018 年为 387 亿美元，占全国对非贸易的 18.9%，比 2009 年的 179 亿美元多出 1 倍多。2017 年广东省对非协议投资额为 3.7 亿美元，实际投资额为 6492 万美元。同期接受非洲来粤投资，协议投资额为 1.69 亿美元，实际投资额为 4873 万美元。广东省已经成为非洲重要的贸易和投资伙伴，同时，非洲也已经成为广东省重要的经贸往来地。

（二）粤非经贸发展迅速

粤非贸易总额在 2010 年、2011 年、2012 年曾经经历过 50% 以上的增速，曾经一度把粤非贸易总额推高到 718 亿美元的历史高度。后来经济调整，2018 年增速为 5.6%。广东省对非投资近年呈现大幅波动态势，2015 年达到 7303 万美元，占同期全国对非洲直接投资金额的比重为 2.45%，2016 年为 3509 万美元，占同期全国对非洲直接投资的比重为 1.46%。非洲已经成为广东省经贸合作增长最快的地区和广东省企业"走出去"的首选地。

（三）粤非经贸合作热情高涨

2017 年、2018 年两届中非高层论坛的召开和"一带一路"倡议的推进激发了粤非经贸合作的热情。一是，粤非政府间往来热络，非洲各种经贸团体密集来粤洽谈合作；二是，民间掀起了了解非洲的热情，意欲走向非洲、投资非洲的企业和个人大幅增多；三是，在学界层面，各种走向非洲、投资非洲情况通报会、学术研讨会增多，非洲话题成为热点。

（四）各级政府重视粤非合作

中非合作是中国对外政策的重心。"一带一路"倡议、中非合作论坛为中非合作提供了发展契机。粤非合作作为中非合作落实的基础，越来越得到广东省各级政府的重视。另外，广东省经济发展的内在需要和非洲工业化发展的内在要求，使粤非经济之间需求高度匹配，这是广东省各级政府越来越重视粤非合作的市场经济原因。目前，广东省各级政府都在组织力量研究非洲，都在凝聚共识，走向非洲，开拓非洲。

二 粤非经贸合作存在的问题

粤非经贸合作成绩斐然，形势喜人，但是，面对越来越复杂的国际、国内形势变化，粤非经贸合作也充满了曲折和挑战，而且，有些问题非常严重，必须引起高度重视，及早采取措施，加以矫正。

（一）粤非贸易总量剧烈下滑，巨幅波动

2015 年粤非贸易总额曾高达 718 亿美元，但是之后呈断崖式陡然下滑，连续负增长，到 2018 年才恢复正增长，贸易总额为 387 亿美元，仅达到 2015 年的一半多一点儿。贸易增长率最低为 - 23%，不及峰值时 58% 的一半。对非投资也经历了同样的过程。特别是近几年，粤非投资和中非投资一样，都正在经历一个低迷期。这其中主要的原因是非洲国家近年来国内政策正在发生显著变化，鼓励发展进口替代产业，鼓励出口创汇资本，对单纯的贸易进口有所限制，对市场占有型的外资设置障碍。同时，国内企业对非洲的国家贸易投资更趋理性，风险意识逐渐增强。

（二）粤非贸易不平衡现象严重

粤非贸易经历了 2010 年、2011 年、2012 年、2013 年和 2014 年的逆差

之后, 2015 年一举扭转局面, 实现贸易顺差。从沿海和全国的情况看, 中非贸易逆差的时间更短, 顺差的时间更长, 规模更大。广东省对非贸易出现逆差, 从数据上看, 出口额 2015 年以后在下降, 但是只有 2016 年和 2017 年在下降, 下降幅度分别为 -17.72% 和 -8.94%; 而对非贸易进口在 2014 年至 2017 年出现巨幅下降, 降幅分别是 8.87%、40.28%、30.29% 和 33.36%。进口巨幅下滑是粤非贸易出现顺差的重要原因。这主要是因为广东省从非洲的主要进口商品为石油, 由于安哥拉、尼日利亚等国发生动荡, 石油输粤数量大幅减少, 甚至跌至零。另一个原因估计与非洲国家出于生态保护和资源保护对出口限制有关, 也与我国法律法规日益健全, 对一些违规进口进行限制有关。但是在中非贸易、粤非贸易中非洲国家处于逆差, 与中非经贸合作的初衷不符。

(三) 粤非经贸结构不尽合理

和全国的情况一样, 粤非贸易往来中, 广东省出口非洲的商品大部分为家电、家居以及工业设备等, 从非洲进口的商品主要是资源性的初级产品和非洲独有的一些工艺品以及生活用品。从结构上来说, 非洲对中国尤其是广东省产品的依赖性较强, 相反, 广东省对非洲产品的依赖性较弱。同样, 和全国的情况一样, 粤非投资, 广东省到非洲的投资主要集中于基础建设项目和产能转移项目。基础设施投资, 这是和非洲工业化进程高度匹配的投资项目, 受非洲国家普遍欢迎; 产能转移项目也可以匹配非洲国家的内部需求, 但不是非洲的当务之急, 而且对当地产业多少会造成冲击。目前, 针对非洲国家急需的农业、医疗和教育投资没有及时跟进。

(四) 粤非经贸投资环境趋紧

近几年来非洲社会、政治正在发生变化, 社会趋向稳定, 政府轮替回归理性, 暴力事件减少。从好的方面说, 可以降低对投非投资的政治社会风险。但是随着政治走向稳定, 非洲的国家治理越来越向法治化方向发展, 保护民族工商业的利益成为首选。这对广东省企业投资非洲形成约束。此外, 国际形势发生变化, 西方国家加紧对非洲的经济投入和政治渗透。这也对广东省投资非洲造成不利影响。

(五) 粤非经贸存在诸多隐患

粤非关系正在热络, 但是存在很多误区, 隐性风险较大。第一, 政府层面和社会层面对非洲的认识肤浅。一些人认为非洲是蛮荒之地，不宜去投资；还有一些人认为非洲遍地都是机会。这两种认识较为极端，不符合实际。第二，部分企业投资行动草率。有些企业对非洲的社会经济以及文化情况不做深入了解，对成本收益计算不客观，盲目进入非洲。第三，投机心理严重。相当一部分企业发展非洲经贸、投资非洲都是抱着赚一把就走的心态，没有深耕非洲的打算。第四，缺乏长远目标。实践证明，非洲是一个只有长远投资才能获得丰厚收益的热土，但是，目前意欲走向非洲的广东省企业，特别是民营企业，没有长远目标，而且在信息误导下跨行业投资，潜在风险巨大。

三　进一步推动粤非经贸合作的对策

粤非合作有很好的基础，存在种种机遇，也伴随着种种问题。政府应该抓住机遇，积极有为，民间应踊跃有序参与，以长远、可持续的方式，推动粤非经贸合作稳步发展。

（一）树立长远视角

非洲是一个和我们距离遥远、文化差异很大的地区，有些行为模式看似和我们接近，比如，关系网络、人情社会，但彼此的心理距离其实很远。目前，在非洲投资和经营商业成功的大多是在那里经营 5 年到 10 年的中国人和中国企业，快进快出、一夜暴富者几乎没有。这说明在非洲的成功需要时间来培育。鉴于此，粤非经贸合作，第一要务是戒除短、平、快思维，打消"一夜暴富"的想法，树立长远视角，做好在非洲久居深耕的打算，这样才能有效降低风险，提高投资的成功率。在非洲，投资目光越长远，投资期限越长，风险就越低，收益就越高。这是一条定律。

（二）注重前瞻性制度化合作

非洲过去在形式上是一个法制健全的地区，大多因袭欧美体系，但是执行层面权宜多变，腐败比较严重。但是，从未来的趋势看，非洲的政治治理正在向理性法治的方向趋近。这就意味着未来非洲的国家治理很大概率是走向法治化的市场经济。因此，目前以及下一个阶段粤非经贸合作要注重前瞻性的制度化合作。所谓制度化合作，就是所有交易以符合未来法治框架的有效协议为基础。不论是政府间合作，还是民间私人合作，都以契约形式完成，尽量减少依赖一人、一族、一党的黑箱操作。所谓前瞻性，就是修正我们的商业模式，使之不仅能适应当下非洲的经济发展环境，也能符合非洲未来的社会制度环境。

（三）落实"八大行动"，扭转对非经贸滑坡

2018 年中非合作论坛北京峰会确定了中非合作"八大行动"（产业促进、设施联通、贸易便利、绿色发展、能力建设、健康卫生、人文交流、和平安全），目前全国各地都在积极行动，落实这每一项行动。落实八大行动是扭转对非贸易近年滑坡的重要措施。广东省根据自身的优势，对八大行动做了分解，每一项由具体的行政部门负责进行落实。目前对于政府层面，最为紧迫的工作是：第一，从政府层面与非洲当地政府进行沟通，通过签订制度性协议的方式，消除不确定性，营造企业"走出去"的经营环境。第二，设立政府基金扶持非洲工业园建设，鼓励广东省企业入园经营。第三，通过广交会和"海丝博览会"等平台大力推介非洲国家商品。第四，鼓励地方政府结合自己的产业特点，走向非洲，推介本地产品，同时，寻求进口合作。

（四）优化贸易结构和投资结构

优化贸易结构和投资结构的思路是追求贸易平衡，坚持互利原则。首先要在总量上保持平衡和可持续性。其次要在产业和产品结构上保持供需匹配，有利于非洲和广东省双方产业的优化升级，也就是所谓的实现"双赢目标"。目前，广东省和非洲存在较大贸易顺差，解决这个问题就要通过信息沟通、市场连接，千方百计扩大对非进口类别和数量，同时满足国内潜在需求升级。在出口方面，增加高科技出口，以拉动非洲本地产业发展。"走出去"方面不能单单考虑产业转移，要从非洲工业化进程的内在需求出发，鼓励非洲急需的产能转移项目优先落地非洲。积极鼓励广东省产业规划项目走进非洲，帮助非洲国家制定合理的产业规划。

（五）选择合适的投资模式

去非洲投资能否成功不是由表面上的高收益决定的，而是由能否降低隐形成本决定的。隐形成本简单地说就是社会关系成本，而建立社会关系需要刚性的时间约束，也就是说在那里生活得越久，社会关系成本就越

低。但是对于广东省企业，特别是民营中小企业来说，它们可能熬不到社会关系成本低于边际收益的那一天。为了突破这个投资非洲的"生死关隘"，广东省企业，特别是民营中小企业应该选择合适的投资模式。简单来说，国企和大型民营企业可以独立地走进非洲，小型民企应该抱团走入非洲。最好的模式是大型企业在非洲建立工业园，通过政府层面解决政策配套问题，然后吸引民营中小企业入园。

（六）注意投资软环境的对接

非洲在文化上是一个很独特的地方，宏观上看，非洲人的精神世界属于西方，或者中东，但是微观上看，其行为又有东方特点。因此，从文化层面来说，中国人在非洲似乎总在夹缝中，无法与当地人有"骨肉相亲"的相互接纳。因此，广东省企业去非洲投资要注重投资软环境的对接。这种对接就是文化上的尊重与包容。首先，尊重非洲人的宗教文化习俗。比如，他们祷告的时间如果和工作相冲突，工作应该让位于祷告。其次，不要以文化优胜者的姿态凌驾于非洲人之上，要以儒家文化"和"（和实生物，同则不继）的思想，以独立的文化身份与非洲人建立商业关系。最后，发掘研究非洲文化中的商业元素，融入我们走进非洲的企业模式中。

四　粤非合作的未来展望

下一个40年，是中非经贸关系全面提升的历史机遇阶段，也是粤非经贸关系通过结构优化、数量均衡，更上一层楼的历史机遇阶段。但是也要看到，下一个40年是世界格局在剧烈的波动中重新调整和平衡的重要时期，各种风险因素汇聚在一起，世界经济形势异常复杂多变。中非经贸，粤非经贸面临各种各样的不确定性。

（一）非洲经济发展潜力巨大，未来商业竞争激烈

非洲具有经济启动和发展的各种有利因素，近来三四十年，非洲是全世界经济最活跃的地区，这一点毋庸置疑。这对中非经贸发展、粤非经贸发展来说是一个巨大的机遇期。但是，除了中国，欧美国家、日本、印度等也看到了这一点，而且也在利用一切机会介入非洲的经济发展。可以断

言，非洲将成为全世界商业竞争最激烈的地区。中国企业，尤其是广东省企业现在进入，先人一步，这是优势，但是低层次进入，低成本扩展，甚至破坏性扩展，会导致先发优势成为先发劣势。这是我们必须及早警惕、及早防范的！

（二）非洲经济发展前景广阔，但风险重重

非洲经济经过大约半个世纪的探索，最近正在启动，而且是高水平启动。比如，非洲各国一开始注重环保因素，防患于未然。非洲各国在选择产业发展的时候，依靠劳动力优势，但是也注重技术含量，避免走低成本扩张的旧路。非洲前瞻性地发展统一市场，签订了自由贸易区协定。这些举措都预示着非洲经济正在借助后发优势，蓄势待发。但是也要看到，非洲政治上的不稳定因素虽然正在逐渐消除，但是距离彻底的和解、最终的和平仍有一段很长的路。也就是说，广东省企业在非洲的发展仍然面临着广泛的政治不确定的影响和社会基层各种各样宗教冲突带来的风险。这是广东省企业需要时刻面对、时刻解决的问题。

（三）非洲经济越发展，中非经济、粤非经济越面临挑战

这似乎是一个悖论，但有可能是事实。从目前的阶段性特征来看，中非经济、粤非经济在产业结构上有互补性，在发展阶段上也有互补性，中国经济对非洲经济是一个外部正效应的因素。从这个角度讲，非洲的发展需要中国，非洲的发展需要广东省。但是，从另一个角度看，非洲在宗教情感、政治制度和社会文化上更倾向于欧美，有一种可能是中非和粤非的经济匹配是短暂的，也就是说在当下非洲经济起飞的初期，中非经济，尤其是粤非经济可以产生良好的合作效应，实现共生双赢，但是在非洲经济进入平稳快速发展阶段，非洲经济与中国，特别是广东省有可能分道扬镳，趋向欧美一方。这是我们必须清醒地认识到的。

凡事预则立，不预则废。面对上述情况，中国和非洲的经济合作，广东省和非洲经济的合作，在未来三四十年，需要广度，更需要深度。为避免上述不确定性风险，我们必须在深度上下功夫、做文章。所谓中非合作、粤非合作的深度，一方面是内在的深度，就是不断升级、不断创新的合作模式，使两者的经济结构在高水平开放的层面形成深度融合。这要求中国政府和企业特别是广东省政府和企业要以长远投资、永续开发的思

维，定义中非和粤非经贸合作关系，戒除短期思维，戒除投机心理。另一方面是在经济合作的过程中强调人文交流，在精神层面形成中非之间的完全接纳。非洲是一个宗教情结很浓厚的大陆，中非之间只有形成人文方面的包容和尊重，经济合作才能顺利实现。

参考文献

［1］陈恩，刘璟：《广东省服务业结构优化的战略思考》（哲学社会科学版），《暨南学报》，2017年第2期。

［2］陈万灵、韦晓慧：《广东省与非洲经贸合作的挑战与对策》，《广东经济》2015年第10期。

［3］陈振邦：《金融危机下促进中国对发展中国家投资——以非洲国家为重点》，硕士学位论文，厦门大学，2009。

［4］郭楚：《新常态下开创粤非经贸合作新局面》，《广东省经济》2015年第10期。

［5］何曙荣：《非洲经济的新发展及其动力》，《现代国际关系》2014年第1期。

［6］胡晓丹：《广东省对外贸易依存度变动趋势分析》，《市场经济与价格》2016年第12期。

［7］胡新天、王曦、万丹香、刘晓平：《广东省－东盟优势产业的竞争性与互补性研究》，《南方经济》2010年第11期。

［8］黄梅波、张晓倩：《中非产能对接与非洲三网一化建设：合作基础及作用机制》，《国际论坛》2016年第1期。

［9］黄佐祺：《中国企业对非投资及其政治风险研究》，硕士学位论文，华东师范大学，2008。

［10］金国军：《华坚集团：践行"一带一路"把"中国方案"带到埃塞惠及非洲》，《金眼所看》，http：//www.sohu.com/a/137977325_751124，2017。

［11］李婷：《"非洲之王"传音：出海手机厂商的另类封王之路》，http：//www. geekpark. net/news/226948，2018，（3）。

[12] 刘青海：《中国对非洲基础设施投资现状及前景》，《东方早报》2014年12月16日。

[13] 卢小平：《尼日利亚广东省经贸合作区潜力巨大》，《大经贸》2008年第9期。

[14] 乔旋：《评析20世纪80年代中国对非洲外交战略的调整》，《理论界》2008年第6期。

[15] 王垂林：《中国广东省非洲经贸活动亮点频现》，《大经贸》2004年第12期。

[16] 韦晓慧，黄梅波：《国际产业转移与非洲制造业发展》，人民出版社，2018。

[17] 杨光、李智彪：《中国企业在西亚非洲直接投资状况考察》，《西亚非洲》2007。

[18] 杨林燕：《中国企业对非洲投资研究：动因、模式及其效应》，硕士学位论文，厦门大学，2009。

[19] 曾萌华：《独立以来非洲国家的经济政策思想与实践》，《西亚非洲》1990年第5期。

[20] 张菲：《中非经贸合作区建设模式与可持续发展问题研究》，《国际贸易》2013年第3期。

[21] 张娟、刘钻石：《中国民营企业在非洲的市场进入与直接投资的决定因素》，《世界经济研究》2013年第2期。

[22] 张帅：《粤非经贸合作的现状与展望》，《广东省经济》2015年第10期。

[23] 郑宝银：《中非经贸关系掀开历史新篇章》，《国际贸易问题》2006年第12期。

[24] 钟韵，韩隆隆：《广东省与南非经贸合作现状与前景》，《开放导报》2013年第5期。

图书在版编目（CIP）数据

中非合作·广东在行动：全三册.经贸合作篇／傅
朗，刘继森主编；梁立俊，许陈生，覃红分册主编，--
北京：社会科学文献出版社，2020.7
ISBN 978 - 7 - 5201 - 6199 - 2

Ⅰ.①中… Ⅱ.①傅… ②刘… ③梁… ④许… ⑤覃
… Ⅲ.①国际合作 - 研究 - 中国、非洲②对外经贸合作 -
研究 - 广东；非洲 Ⅳ.①D822.34②F752.865
③F752.74

中国版本图书馆 CIP 数据核字（2020）第 026292 号

中非合作·广东在行动（全三册）

经贸合作篇

主　　编／傅　朗　刘继森
分册主编／梁立俊　许陈生　覃　红

出 版 人／谢寿光
责任编辑／恽　薇　王楠楠

出　　版／社会科学文献出版社·经济与管理分社（010）59367226
　　　　　　地址：北京市北三环中路甲 29 号院华龙大厦　邮编：100029
　　　　　　网址：www.ssap.com.cn
发　　行／市场营销中心（010）59367081　59367083
印　　装／三河市尚艺印装有限公司

规　　格／开 本：787mm × 1092mm　1/16
　　　　　　本册印张：10.75　本册字数：177 千字
版　　次／2020 年 7 月第 1 版　2020 年 7 月第 1 次印刷
书　　号／ISBN 978 - 7 - 5201 - 6199 - 2
定　　价／258.00 元（全三册）

本书如有印装质量问题，请与读者服务中心（010 - 59367028）联系

▲▲ 版权所有 翻印必究